たび・旅・Journey!

「たび・旅・Journey!」発刊委員会・編

文芸社

たび・旅・Journey!　もくじ

修学旅行の思い出

酒井 瞳　福島県・十五歳

「富士山が見えるよ。カメラ、カメラ」

富士山が見え始めた新幹線の中はざわめき立ち、みんな手にカメラを握りしめ、窓に張り付くようにして何枚も写真を撮った。東北人の私達にとって、富士山はじかに見ることはなく、生まれて初めて富士山を見た。でも富士山の雄大さにうっとりするどころではなく、一枚でも多く写真を撮ろうと躍起になってシャッターを押した。富士山から見たら、私達の姿はどんなふうなんだろうと考えると楽しくなるくらい、みんないっせいに窓に集まっていた。

今朝起きたのは四時。福島県の郡山から奈良、京都、大阪の二泊三日の修学旅行は、始発の新幹線に乗るために、朝五時四十分集合と強行な計画だった。修学旅行は、小学校の時も行った。新幹線での遠足もある。でも、緑のラインの東北新幹線から、青のラインの東海道新幹線に乗ったことはなく、私にとっては緊張の連続だった。

私達には見るもの聞くものすべてが新鮮で、風景ばかりを何枚も何枚も写真に収めた。この日のために買ってもらったデジカメは、使うのは今回が初めて。前の晩、夜景の撮り方や、動いているものの撮り方など、必死になって説明書を読んだ。しかし、結局建物と前を行く他の人の黒い頭ばかり写していて、のちのち家族から非難が集中してしまった。私達は技術とかシャッターチャンスとかは関係なく、この時間を撮って留めることに必死だった。奈良の大仏。奈良公園の鹿。法隆寺の五重塔。清水寺や平安神宮。大阪の夜景。USJ。たった二泊三日でこんなにまわって、いろんな時間を撮れるのも修学旅行だからできることだ。

「えー、もう電池ない。充電器持ってこなかった」

友達のみっちゃんは、一日目に何枚も撮りすぎて、三日目にはカメラの電池がなくなり、写真が撮れなくなってしまった。電池がなくなるほどとは、私より上手《うわて》がいたと思った。

修学旅行最終日、事件が起きた。USJから新大阪の駅に向かうバスの中で、先生が添乗員さんと真剣な顔付きでこそこそとしだした。前のほうに乗っていた私がこっそり耳をそばだてていると、道路が混雑していて、このままでは、新大阪に着くのが新幹線の出発予定時刻の十五分ぐらい前になり、総勢百九十名の大移動で新幹線の出発に間に合うだろうかという話だった。添乗員さんも、修学旅行を担当してきた中でこんなことは初めてだと焦っていた。バスの運転手さんの顔も真剣だった。これ以上遅れることはできない。でも進まない。

遅れたらどうなるのだろうと考えていると、他のバスの先生方と連絡を取り合っていた先生が、マイクを持って立ち上がった。

「みんな聞いてください。このままでは、予定している新幹線に乗れないかもしれません。なんとか十五分前には到着する予定ですが、乗れるかどうかはそれからの君達の行動にかかっています。バスから降りたら速やかにクラスごとに整列し、前に続いて、後ろを振り向かず、新幹線のホームまで歩いてください。走ったりして列を乱さないように」

後ろのほうがざわざわと騒ぎ出した。

「先生。間に合わなかったらどうなるの？」

誰かが聞いた。

「間に合わなかったら、クラス順で乗るから、私達六組は最終になるかもしれない。なんとか東京まで行けても、東北新幹線に乗れないかもしれない。下手すると帰れないかもしれないからな」

先生の言葉が真剣で、みんな思わずシーンとなった。それからのバスの中は、さっきまでとは打って変わって、みんな静かだった。

駅に着いた。みんなの中に言葉はなかった。みんないっせいに立ち上がり、すばやくバスを降り、無言のまま列を作って、前のクラスに続いた。自分でもおかしくなるくらい真剣だった。

学年主任の先生が、

「あの時は、とりあえず先頭に進むしかなかった。早足で歩きながら心配で後ろを振り返ると、一糸乱れず整列し私のあとを同じ速度で続く集団がいた。驚くと同時に、大丈夫、間に合うと実感した」

と反省会の時話した。先生達も真剣だったんだと思った。

この強行な修学旅行は、私達の代で終わり、来年からは東京方面に変わるそうだ。今年中学校に入学した弟は、ずるいと怒っている。先生方は、さすがにこのスケジュールは懲

り懲りなのかもしれない。私も、きっとこんな盛りだくさんの旅行は二度と経験できないと思う。でも強行だからこそ、時間との闘いがものすごくおもしろかった。
　今、私の手元には、三日間のたくさんの写真がある。家族には、風景ばかりでつまらないと言われても、私にとってはこの写真が宝物になった。どの写真をいつ見ても、その一瞬の時に戻れる。私にしかわからない、それぞれの私の心を写した写真。その中にはもちろん、必死になって撮った富士山の写真もある。

再会

下村　浩子　　東京都・三十二歳

とある年の秋、我が家にインドネシアの学生がホームステイをした。Ｆ君といい、日本の建築を勉強するため、研修旅行に来ていた。彼は日本の緻密な建築物をはじめ、日本のきれいさ、マナーのよさ、親切なおもてなし等に感動して、とても満足して帰国していった。愛想のよい、勉強熱心な青年だった。

そんな彼からはその後、忘れたころにＥメールが届くぐらいであった。元気にしているのは分かっていたが、顔やその風貌はほとんど忘れてしまっていた。

出会いから三年後、私はＦ君のいるインドネシアを旅行することになった。（Ｆ君に会えるかな？）と安易に考えていたが、私の滞在する町と彼の住む町とは、直線距離にしても三百キロメートルも離れていることが分かった。渡航直前にＦ君に電話をする。

「会いに来られそうですか？」

「遠いし、仕事もあるからちょっと無理かもしれないです」

ああ残念、せっかく再会が果たせると思ったのに。

あきらめて渡航し、インドネシアならではの南国の雰囲気を楽しんでいた。ガムラン・ケチャ・遺跡めぐりを満喫し、それなりに楽しんだ。

最終日の朝、宿の電話が鳴った。F君からだった。そういえば渡航前、メールで宿の連絡先を一応教えていたっけ。

「今、僕の彼女とあなたの宿の近くまで来ています。迎えに行くよ」

びっくりした。その電話の数分後、本当にF君とその彼女と友人が宿まで来てくれたのだ。聞くところによると、昨日の夜行列車で九時間かけてわざわざ私に会いに来てくれたらしい。ドライブしながら、F君は私の家族のことを話し出した。年老いた祖母のことを、

「今でも元気か？」と聞いてきたりもした。

「なぜにわざわざ会いに来てくれたの？」

「あなたやあなたの家族にとても親切にしてもらったからです」

と一言。情けは人のためならず、を実感した旅だった。両親に感謝したのはいうまでも

なく、彼らの、国境を超えて感じた義理がたさも、大変うれしく思った。

鳴呼　湯郷温泉

斎藤 健一　兵庫県・六十二歳

昨春、亡父の十七回忌の法要を営んだ。
父が他界してから容赦なく時が過ぎ、私は会社を辞め、いつしか還暦を迎えていた。
三十年前に二人で湯郷《ゆのごう》温泉へ行った時の、父の年齢になってしまった。
今年の正月明け、妻に伝えた。
「明日から二、三日姿を消します。昔、親父と釣りに行った所へ……」
デイパックを肩に、渓流用の竿を一本手にして、最寄りのＪＲの駅に向かった。
姫路駅までは十二両編成の新快速で一時間ほどである。
姫新《きしん》線播磨新宮行きの二両編成に乗り換え、さらに一両編成の佐用《さよ》行きに乗る。

どんどんと編成車両が減ってゆき、そのぶん緑や冬枯れの山々の懐深くへ列車は突き進んでいく。

佐用駅を過ぎると鉄路はしばらく佐用川に寄り添う。私は車窓を見ていて一瞬心臓の鼓動を感じた。いくつかの橋の欄干はひしゃげ、橋桁にまとわりつく大きな枯れ木や土砂は盛り上がり、大暴れした往事の河川を彷彿とさせる。

平成二十一年八月の水害の爪跡はこのように生々しく残っていて、自然の恐ろしさを見せ付けている。

そんな山村の厳しい風景の中を、ひたすら『がんばろう！　佐用町』のヘッドマークをつけた単身のディーゼル車は力強く唸りを上げていく。

阪神淡路大震災を経験した私は家屋が倒壊して瓦礫と化し、道なき道を歩んだなんともいえぬ光景を思い出していた。

そう、あのころは何がなんでも『がんばろう、神戸』だった。

喉の奥に何かが込み上げてくる感じがして、顎を強く噛み締め、唾を呑み込んだ。

釣り好きであった父が還暦になった時、記念に二人で何処かへ行こうということになった。定年後、二度の勤めを終えて精神的にも体力的にもゆとりのある頃で、よく母と連れ立って旅行をしたり買い物を楽しんでいた時期である。

私は父親の三十一歳の時の子だから、当時三十歳であった。会社の健康保険組合の保養所が岡山県の湯郷温泉にあった。土日を利用してそこに一泊し、側を流れる吉野川で釣りを楽しむ予定で二人は出かけた。

結婚して神戸に住んでいた私と吹田に暮らす父はＪＲ三ノ宮駅のホームでおち合い、姫路から姫新線の林野駅にいたる行程を進んだ。

季節は初冬だった。無事、保養所に到着して父と私は、温泉に浸かった。

父は上機嫌だった。湯煙に霞む父の肩や背中は想像以上に薄くなっていた。肩から胸にかけていくつかあるほくろが、変わらぬ父の証だった。


翌朝早くから、二人は膝上までのゴム長を履いて吉野川の澄んだ流れを見ていた。

「あそこでやってみよう！」

父がリュックからさなぎ粉と酒粕を出し、土に混ぜて団子を作り数個を投げ込んだ。

「この撒き餌が効くんやで」

父は自分を納得させるように呟いた。

二人は数十メートルの距離をおいて、流れに立ち入り、竿を振った。

ポツポツとハヤが釣れだした。

しばらくして私の竿が大きくしなった。慎重に取り込んだのは二十センチほどの鱒だった。

大声で父に叫んだ。

「鱒がいるよ、ニジマス！」

父はよく聞こえなかったらしく、こちらをチラッと見ただけだった。私は父の側に行き、釣れた鱒を見せた。

「ほー」

父は感心したような、そしてこれからの釣りを期待するかのような息を吐いた。

しばらくして父の竿にも鱒がかかり、大きな声で私に知らせた。

「おい、きたきた！」

結局二人で十匹あまりの虹鱒を釣った。

午後二時ごろになって二人は河原に上がり、ゴム長を脱いで帰る準備をした。

「お前には明日があるからな」と父はポツリと言った。

そして川伝いに肩を並べて、林野駅の方向へ歩いた。天候もよく暖かい陽射しに包まれていた。

やがて駅舎が見えてきた時、父の足が止まった。

高い大屋根が見下ろす車庫の前である。宇野自動車・岡山駅行と書いた看板があって、ベンチがいくつか置いてある。

父は背中のリュックをおろした。

私も肩にくい込んでいたリュックを外し、抱きかかえるようにしてベンチに腰をおろした。

そして、間もなくやって来たバスに二時間ほど揺られて岡山駅に着き、新幹線で帰途についたのだった。

林野駅に到着し湯郷温泉に向かって川沿いに歩いた。遠い記憶の中で父と肩を並べて歩いた堤を、陽光を跳ね返している川面を見ながらゆっくりと辿る。

ああ、戻って来られてよかった、ある種の安堵感みたいなものが私の身体の中をサッと通り抜けていったような感じだった。

しかし、この川も昨年の水害の影響を受けていた。河原に立つかなり高い木々の上部にゴミが残り、痛々しい。川沿いにある美作市役所の側壁には、水害の支援に対する感謝の言葉が垂れ幕となっている。

温泉街はウィークデイということもあって、やや人が少ない気がする。

長い月日の経過は街の姿を一変させてしまったかのようだ。仕方なく、整備された道路に面した観光案内所で、以前父と一緒に宿泊した保養所の場所をたずねた。

案内所の女性は街の散策マップをカウンターに広げて、すまなそうに応えた。

「そこはもう閉鎖になったんですよ――」

信じられなかった。全く思いもしなかった。

それでも私は、忘れていた場所を教えてもらい歩き出した。

とにかく父と泊まった場所へ行ってみたかった。行ってどうなることではないけれど。

その建物はひっそりと佇んでいた。

佐用駅で時間待ちするキハ40型ディーゼル車。『がんばろう！　佐用町』のヘッドマークが身につまされる

入り口付近は雑草が生い茂っていた。きっと、大勢の社員やその家族が明日の楽しい予定を胸にそこを通り、たくさんの思い出を自分達の内に育み帰って行ったことだろう。

社会状況が悪化しているのは分かっているつもりだった。

平成二十年秋、投資銀行のリーマンブラザーズの破綻からバブルが弾け、百年に一度といわれる深刻な世界不況に陥った。そのことは企業収益を圧迫し、失業者の増加をもたらした。さらに日本は政治の混乱が重なっている状況だ。

灰色の荒い波が、いつの間にか自分の足元まで迫ってきているとは――。

持参した竿を吉野川で振ることはなかった。

いい思い出が、そのまま気持ちよく話せる社会に、早くなってもらいたいと切に願っている。

青春18きっぷ

大津 仁　東京都・六十三歳

夏は、いつもあてのない、電車の旅に出る。

毎年七月の給料が出ると、会社帰りにＪＲの駅に立ち寄り、「青春18きっぷ」を買ってくる。

「青春18きっぷ」

季節限定で発売され、ＪＲの普通列車一日乗り放題の切符である。

一枚、一万千五百円で販売され、期間中五回利用でき、一回あたりだと二千三百円となる。

二千三百円は、東京駅から東海道線で沼津駅を過ぎたあたりまでの普通料金だが、この切符だと、早朝の始発に乗れば、岡山までは軽く行ける。

ただし、乗車できるのは普通列車だけ。急行や特急、新幹線は利用できない。

青春、つまり、体力と時間があれば年齢に関係なく、誰でも利用できる切符である。

初めて利用したのは、十数年前。

時刻表をパラパラ捲っていると、「青春18きっぷ」の案内が目にとまった。

興味を持ち時刻表を追ってみると、片道五千円で、実家の熊本まで充分行ける。

東京から、東海道線の普通列車に乗り、缶ビール片手に太平洋や瀬戸内海の海を見ながら……。

途中駅で、美味しい駅弁を食べくらべ、岡山で一泊、初めての街の夜は、赤提灯で地酒でも飲もう。

翌日は山陽本線に揺られ、瀬戸内海を眺めながら、転寝《うたたね》しよう。

そして、博多に着いたら、まず、ラーメンを食おう。

博多から熊本まではすぐに着く。何せ、隣の県だから……。

実家では久しぶりに逢う友と、馬刺しと焼酎、話もはずむだろう。

夢は膨らむ一方で、すぐに駅へ行き、切符を買った。

妻や娘の反対を断固無視し、翌日早朝に出発した。

平塚を過ぎて少したつと、左に相模湾が途切れとぎれに見えてくる。さざ波を打ち、キラキラ返す、銀箔の陽の光が眩しい。

通勤時間になり、乗り換えの駅では通勤、通学の乗客で混雑するが私には関係なく、「皆さんお疲れ様ですね」の気分である。

乗っている電車は各駅停車だから、急行、特急列車は最優先、お先にどうぞ、と駅で通過待ちをする。通過待ちの間ホームに降り、深呼吸をすると、空気が薫る。民家の鶏頭の真っ赤な花が目をひき、ホームの照り返しが快い。全て容認できる楽しさだ。

浜松あたりから、異様に背中と腰と尻が痛い。

もう、外の景色はどうでもよく、期待していたウナギ弁当も、食べる気にならない。

それでも、大津を過ぎたあたりで乗り込んできた女子高生の、「そな、なあ……」という、会話の響きを聞き、少し生き返り、その勢いで岡山までどうにか行った。

結局、朝、六時過ぎから、夜八時まで、各駅停車に乗りっぱなし。岡山に着いた時には動けなかった。

電車からやっと降りても、体からはガタ、ゴトと電車の振動が抜けない。

地酒どころではなく、駅前の目についたビジネスホテルに、やっと、転げ込んだ。

岡山は中間地点。行くも、帰るも、朝六時頃に宿を発たなければ、目的地に着かない。

まず、朝六時のモーニングコールをセットし、フロントのおばさんにもダメ押しで、万一の場合は……、とお願いした。

とても帰りたいが、妻と娘の手前、帰れない。

仕方なく、熊本をめざし電車に乗った。

通過待ちのホームで、急行や特急が追い抜いていくのが恨めしい。

翌日はただただ、乗っているだけの、苦痛の旅だった。

九州に入り、車掌さんが検札にきた。

私の青春18きっぷに東京、岡山の検印を見て、非常な関心を示し、その後はファンの芸能人にでも接するように、「空調はいかがでしょうか。何かありましたら……」とうるさい。

手を挙げたら、すぐに飛んでくるような気遣いだが、応じる余裕はない。

熊本に着いたのは、午後四時であった。

実家では身動きできず、三日間寝させてもらい、妻、娘の嘲笑を覚悟で、飛行機で帰った。

「青春18きっぷ」

もう二度と買うか、と思うが、マラソンと同じ。終えるとまた、どうしてもチャレンジしたくなる。

その後は、ぶっ通し二日の利用はやめ、一泊二日で帰宅する日程に変えた。

朝、八王子を出て、甲府、松本、長野、直江津、富山と回り、金沢に泊まる。

翌日は富山、糸魚川、松本、甲府、八王子と帰ってくる。

そんな、東京から往復二日の路線旅も、ほぼ踏破した。

最近は目的地を決め夜行バスで行き、そこから一泊二日で帰ってくる。

妻、娘の目を盗み、八月初めに金券ショップに行き、二回未使用の青春18きっぷを買ってくる。そして、三日間の夏期研修を口実に、出発する。

最近は、妻も娘も気づいているのか、明るく、行ってらっしゃいと声をかける。

今回は、八戸へ夜行バス。

大湊線、五能線の景色を堪能しながら、秋田美人を見て帰ってきた。

ジャパニーズガール・イン・アイリッシュパブ

きむら　めぐみ　　東京都・二十六歳

冬のアイルランドは昼の時間が短い。なにせ北海道よりもやや北に位置しているのだから。私が訪れたのは十一月だったが、やはり日が沈むのが早く、夕方の時間帯ともなると辺りは闇に包まれた。

十日間ほど休暇を取って、旅行をしたのである。人生で四度目の海外旅行。そして、二度目の個人旅行――「プライベート」と「一人」の両方の意味で――だ。決して旅行慣れしているわけではないし、ましてや英語が堪能なわけでもない。なぜアイルランドなのかと、実際よく聞かれたが、理由は「動物や植物など自然があふれ、かわいいものがいっぱいある」というイメージを持っていたからだ。そういうものが好きなのである。

アイルランドの観光シーズンは通年、とガイドブックには書いてあった。緯度が高い割に、暖流のおかげで冬でも気温が低くならないためだ。確かにそのとおりかもしれないが、いざ訪れてみると花や緑にあふれた、色鮮やかな光景はほとんど見られなかった。動物園も閑散としている。十一月なので当たり前といえば当たり前だが。

それどころか日が暮れるのが早いうえ、午前中雨か、夕方から雨か、そうでなければ一日中雨、というくらいによく降った。ざあざあではなく、霧雨に近いのが続くのである。現地の人はそれくらいの雨では傘をささない人も多い。私もそれに倣うが、放っておくとコートが徐々に湿ってくる。よく見ると、現地の人はウィンドブレーカーを着ている、ということに気づく頃には体がすっかり冷え切っているのであった。

しかし、この時期に訪れて良かったことが二つあった。ひとつは、クリスマスが近いこともあり、街全体がきらきらしていたこと。旅行中は首都ダブリンに滞在していたのだが、ショーウィンドーがイルミネーションで飾られ、お店にはプレゼント用の商品が並び、明るい雰囲気だった。もうひとつは、植物園の敷地内でリスを見たことだ。放し飼いにされたものか、本当にそこで暮らしている野生と呼ぶべきものかは分からなかったが、とにかく、あちらこちらでぴょんぴょん跳ねまわり、餌を探しているリスたちの姿は愛らしかった。

アイルランドに来たらぜひやってみたいことがあった。パブでギネスを飲むことだ。イギリスやアイルランドはパブの本場であるし、ギネスといえば黒い色と苦味が特徴のビールで、アイルランドが生んだ世界的ヒット商品のひとつだ。普段はあまりビールを飲まないのだが、せっかく来たのだからと思い、旅行の最終日にとうとう試みたのである。

まず、パブの選定。パブというのはかつて「Public House」と呼ばれたもので、地域の人々が集う社交場のような存在だ。立ち飲みスタイルが一般的で、テレビがあってスポーツ観戦ができたり、音楽の演奏があったり、昼間からオープンしてランチを提供しているところもある。

さて、ガイドブックを片手にダブリン市内のパブを探し歩く。目指していたパブに辿り着いたところ、表から中の様子を見ることができない。小心者の私はそのまま通り過ぎた。せっかく来たのだからここでめげてはいけない、と言い聞かせ、別のパブを探す。次に訪れたパブは、窓があり中の様子がうかがえた。パブに近づき、歩調を緩め、覗いてみる。すると、お客さんは全員地元の人で観光客らしき人はいなかった（ように見えた）。またしても通り過ぎる。

そうしているうちにだんだん日が暮れてきたので、このままホテルに戻ろうかとも思ったが、このまま帰ってたまるか、とも思った。ブロックを一周して先ほど中を覗いたパブの前に立つ。そして、思い切ってドアを開けた。

ギネスをハーフパイントで、と事前に頭の中で練習したとおりにカウンター越しの男性に注文する。アイルランドではパイント（pint＝〇・五七リットル）単位でビールを注文するのだ。ビールが苦手なので、その半分、ハーフで頼んだ。しばし待ったあと、ジョッキではなくグラスに注がれたギネスを店員が持ってきた。念願の瞬間だ。

ここで事件が起こる。三ユーロ、と言われたので五ユーロ札を差し出したところ、お釣りとして二十セントコインを渡されたのだ。二ユーロのはずが、十分の一である。パブの中は薄暗かったが、二十セントコインであることはすぐに気がついた。だが、状況がうまく理解できなかった私は、チップ分を引かれたのだと思った。

ひとまず席につき、ギネスを一口飲む。苦い。思った以上に苦い。ちびちびと飲みながら、旅での出来事を一つひとつ思い出す。そう、今日は最終日、明日には日本に帰るのだ。天候には恵まれなかったが、素敵なものもたくさん見られた。本場のパブで本場のギネスも味わえた。これで思い残すことはない。

……とはいかなかった。やはりさっきのことが気になる。レシートにも三ユーロと書いてある。完全になめられたのだ。それは、こっちは日本人だし、女だし、一応社会人だけど学生みたいな恰好をしているし、なめられて当然ではある。でも、せっかくの旅の最後にこんな思いをしなきゃいけないなんて、あんまりだ。

こうなったら、帰り際に文句を言ってやろう。

「すみません、ちょっと……（男性店員を呼ぶ）あの、お名前を教えていただけますか？……そう、ジョン、あー、実は私は日本から来た観光客で、今日が最終日、明日日本に帰るんです。ダブリンはとても素敵な街で、気に入りました。旅での思い出はこれからも忘れることはないでしょう。あなたに、たっぷりチップを払ったこともネ！」

という皮肉交じりのセリフを思いつき、英語でなんと言うか考え、噛まずに喋れるように頭の中で何度もシミュレートした。

そうして、ようやくギネスを飲み終えるという時、私の席からほど近いカウンターでウイスキーを飲んでいたおじさんが、不意に私に一枚の紙を差し出してきた。

実はこのおじさん、私のあとに入ってきた人で、暗くて見えにくかったせいかカウンターにコインを広げ、ウイスキー、お代はいくらだ、というような様子で店員にコインを抜き取らせていた。このおじさんも私と同じくお金を多く取られるのではないかと、私ははらはらしながら横目で見ていたのである。

そのあと、そのおじさんは誰と話すでもなく一人で飲んでいたのだが、しばらくして店員を呼び、紙をくれないか、と尋ねたようだった。そして胸元のポケットからペンを取り出し、店員からもらった紙に何やら書き始めたのである。

その紙を受け取った私は、まさか自分宛に書かれたものだとは思わなかったので、驚いて、「私に?」と聞いた。ええ、どうぞ、というように微笑むおじさん。見ると、白い紙にボールペンでにこにこ顔の花のイラストが描かれ、その下に「SMILE PLEASE」の文字が添えられていた。

よほど私は不貞腐れた顔をしていたのだろう。そして、このおじさんはなんて粋なことをしてくれるのだ、と思った。さっきまで怒りの気持ちでいっぱいだった心が、一瞬にして和やかな気持ちになった。と同時に、涙が出そうになった。

立ち上がり、おじさんにお礼を言い、日本から旅行で来ていて明日帰るんです、ということをたどたどしい英語でなんとか伝えた。結局、店員へ文句を言うこともなく、パブをあとにした。

翌朝、ホテルをチェックアウトし、ホテルの向かいにある食堂でアイリッシュブレックファーストを食べ終えると、空港へ向かうバスに乗り込んだ。この日は朝から晴れていて、青空が広がっていた。

「母娘親子三代企画」の驚き

ぴよはる　千葉県・二十四歳

四度目は、どこになるのだろう……。そして、いったい何回続けることができるのであろうか……。私が、社会人となってからの恒例行事、「母娘親子三代企画」。

きっかけは、祖母の入院・手術だった。それまで大きな病気をしたことのなかった祖母が、入院、そして手術をした。幸い命に別状はなく、無事退院して普通の生活ができている。ただ、祖母の心には不安を残したのだろう。

「いつまで元気でいられるのかねぇ」

「あんた達に、邪魔にされる日がくるのかね」など、それまでそんな弱気な言葉を言わなかった祖母が、ポツリポツリと漏らすようになった。そんな祖母を、元気付けたくて、孫である私と、母とで旅行を企画したのだった。祖母が「行ってみたい」と言っていた旅館のある伊豆へ……。

一泊だった。あらかじめ決めていたのは、宿泊する旅館くらいの、お気楽な旅行だった。社会人になったばかりの私は、十数年ぶりの旅館への宿泊で、部屋での食事、一品一品説明を添えて配膳してくれる、そんな至れり尽くせりの応対に感動していた。

私が驚く出来事が起きたのは、次の日だった。場所は伊豆、季節は冬、私の大好物がみかんということで、みかん狩りに出かけることにした。見上げた山の斜面は一面のみかん畑……。忘れていた。みかん畑が斜面に多いこと、私が連れてきているのは、四十を過ぎて脚を痛めた母と、祖母であることを……。斜面を見上げながら、私は祖母に、「二人で行っておいで」と言われてしまうかと思った。その次の瞬間、祖母が先頭に立って斜面を上がり始めた。次に続いたのは、母。私はヒールのパンプスを履いていたせいもあって出遅れた。家族旅行の時はいつも、会計や私達のことでいっぱいで自分のことをあと回しにしていた母や、祖母の姿しか見てこなかった。それもあって、二人が勢い良く歩いていく姿に、「私一人がはしゃぐのだろう」と予想していた私は、とても驚いた。私以上に、母と祖母がはしゃいでいる光景なんて、今まで見たことがなかった。

それが、「母娘親子三代企画」の第一弾だった。

第二弾は、伊豆旅行の翌年に「下町ツアー」と題して、もんじゃを食べたことがない母と祖母を月島に案内し、その後水上バスで浅草へ行った。昔、駄菓子屋の奥でやっていたもんじゃしか知らない母と祖母、対して月島のもんじゃ＝食事のイメージが強い私。そんな認識の違いも楽しかった。日帰りの、のんびり散策の予定だったのだが、浅草の人混みに私は圧倒された。人混みの中を上手く歩けない私に対し、祖母と母はどこをどう縫って行くのか、すいすい前に進む。若いはずの私が、一番遅れを取って二人に待っていてもらう始末。人混みを歩くのは、母や祖母のほうが、格段に上手かったのだ。第二弾ではこの新発見にこれまた、驚かされたのだった。

第三弾は、仕事に疲れきった私の癒しツアーに二人を付き合わせた。のんびりしたいと、露天風呂付きの部屋を予約した。

旅行直前に、旅行の打ち合わせの電話を祖母としていた時、今までそんなに詳しく会社の話やら仕事の話をしたことがないのに、祖母は私の性格の弱点を見事に言い当てて、心配してくれた。「なんで分かるの？」と驚いた私に祖母は「だって、はるちゃんのおばあちゃんだもん」と優しく言った。会社が嫌で嫌で仕方なくて、おまけに体調まで崩したあとだっただけに、思わず涙が出た。

母は母で、帰りの電車で「はるちゃんが、お部屋の露天風呂に入っていた時の、のんびりした顔が一番嬉しかった」と、旅行の思い出に自分のことでなく私のことを挙げた。どれだけ普段、険しい顔をしていたのだろうか……。私はどれほどの心配を、母と祖母にかけていたのだろうか。そして、心配していることを感じさせ過ぎないその雰囲気と、詳しくは言わなくても、分かってくれている二人に、尊敬と驚きを感じた。

第一弾、二弾、三弾と回数を重ねるたびに、毎回毎回違う驚きがある。母と祖母の、普段とは違う一面を感じる。いつの間にか、企画は私、当日の仕切り役は母、結局資金提供は祖母（それぞれ参加費を払うものの、祖母の比率が多い）と、役割分担ができあがった。

さて、来年はどこに行こう。祖母は企画が終わるたびに必ず、「何回続けられるかね〜」と言う。自分の健康、三人それぞれの生活環境の変化、いつ何が起こるか分からない。それでも、また企画しようと私は毎回思う。また、新たな驚きと、お互いの新たな一面を発見するために。

プロセスは知らないほうがいい

北海道・五十八歳　斉藤　はな絵

札幌行きのバスに乗った。

途中、小樽駅前で五分ほどの停車中に、鮮やかなぼたん色の革ジャンに超ミニスカートの「お姉さん」が、サラサラのロングヘアーをなびかせながら乗車してきた。

思わず「オッ、かっこいい！」と思った私の隣の席に彼女は座った。

バスが発車してまもなく、まず「カチン」という音がした。彼女が手に持っていたボックスを開けたのだ。

横目でチラッと見ると、中には化粧道具一式が入っている。その中から手鏡を取り出し、始まった。

「カシャッ」

「ピシャピシャ」

「キュッ」

「パタパタ」

「カチン」

「パタン」

　話し声ひとつない静かなバスの中に、「わたくし、ただ今化粧中」の遠慮のない音が次々と聞こえている。

　誰も振り向いて見ずとも、ほっぺたやおでこに化粧水をはたく音、乳液のふたを開ける音、コンパクトを閉める音が、前から後ろの席まで、すべての乗客に聞こえている。皆、シーンとしてその音に聴き入っているようだった。隣の席の私も、顔は動かさず、気づかれないように目だけで彼女の手元を追っている。

（次は、アイシャドー……次は、アイライン……揺れるこのバスの中ではみ出さずにちゃんと塗れるのだろうか）

　見てはならないものを見ているようで、私は緊張していた。

　やがてすべてが終わり、「パチン」とボックスのふたが閉められた。

以前も、札幌からの帰りの電車の中で、前の座席の女子高生が、ひと停車するまでの間、念入りに念入りにマスカラを塗っていたのを見たことがある。しかし、すっぴんで乗車してきて下地からすべてを仕上げる人を見るのは、この「お姉さん」が初めてだった。

彼女が乗車してきたとき、スタイルばかりに気をとられ、そのすっぴんの顔をよく見なかったのを残念に思った。隣の席では振り向いて見るわけにもいかない。「ビフォー」「アフター」を見たかった。

見知らぬ人のことを頭の中であれこれと推測した。

(彼女は時間がなかったからバスの中で仕上げようと思ったのか、それとも、バスの中がいつもの彼女の化粧室なのか。彼女はこれから仕事へ行くのか、それとも彼氏とデートなのだろうか。彼女は美人なのかそうではないのか)

やがて、どこで降りたか忘れたが、彼女はさっそうとした後ろ姿で消えて行った。

もし、彼氏とデートだとしても、彼氏は、バスの乗客たちがいっせいに耳をすまして聴いていた「遠慮のない音」のことなどは知らないのだ。

彼氏はただ、仕上がった顔だけを見るのがよい。

パスタ・ラビオリ

大室 正弥　　千葉県・三十六歳

週末の夜、小粋なイルミネーションに彩られたドイツ、フランクフルトの中央通りには、季節が冬に近いこともあり、冷たい風が吹き抜ける。凍えそうになった手のひらを温める息は白く染まり、夜の闇にゆっくりと消えていく。

ふと足を止めれば、通りにはパスタ&ピザと書かれたレストランがあり、大きなウインドー越しに、暖かそうな場所で美味しそうなものを食べる人達の姿が垣間見える。

「そろそろ、夕食にしませんか?」

となりを歩いていた先輩に切りだす。今日は半日フランクフルトの街を観光したので、お腹はぺこぺこの状態だった。すると、先輩もまたウインドーのなかを一瞥して、

「ずいぶんたくさんの人だけど、席は空いているのかな?」

と少し心配そうな表情をしながらも、すでにその足は店の入口のほうを目指していた。

重たい扉を開け、暖かな店内でほっとしたのも束の間、空いている席をさがし求めて店の奥のほうへいそいそと進む。幸いにも席を見つけられた。テーブルには英語のメニューが置いてある。けれど、自分達の席に店員さんのやってくる気配はまるでない。

「どうやら、あそこに並ばないといけないらしいよ」

店内の人の流れを観察していた先輩は、少し変わったこの店のシステムを理解した様子で、ひときわ人で込み合ったところを指差す。見れば、ふたりのコックさんが、カウンター式になった厨房の奥で調理しており、そこからふたつの列が伸びている。ひとつはパスタの列で、もうひとつはピザ。どうやら、お客さんは食器類がまとめて置いてある場所からフォークやナイフを取って列に並び、厨房のコックさんに直接オーダーを告げ、目の前で調理してもらうというシステムらしい。パスタかピザ、どちらかひとつの列へ並んで、とにかく自分の順番が来るのを待てばよい。

「ぼくは、トマトミートソースのパスタにするよ」

先輩はそう言うと、足早にパスタの列へと並ぶ。自分も後に続く。前には五人程待っていたが、コックさんはじつに手際よくオーダーをこなしており、さほど待たなくてもよさそうなのは嬉しい。どのパスタにしようか、先輩はすぐ注文を決めていたが、自分はまだ思案中だった。

一般的なミートソースやカルボナーラはメニューにあるけれど、せっかくだから珍しいメニューにチャレンジしてみるのも手ではないだろうか。自分は、あえて聞き慣れた名前から目を逸らし、上から下へと英語のメニューを順に追っていく。メニューの中ほどに書かれていた、Pasta Ravioliというアルファベットが目に飛び込んできた瞬間、ピンと頭のなかで何かが反応した。まるで緑の丘を駆け抜ける、爽やかな風のような心地よい響き。どこかで聞いた覚えのある気もするが、一体どんなパスタなのか、形も味も思い出せない。しかし魅惑的なその名前はすでに、極上美味なパスタを頭のなかに描かせていた。これで決まりだ。

列の先頭を窺うと、なんと気の利いたお店なのだと感心する。ストレート、ツイストしたもの、太さも様々、いろんな種類から好みのパスタタイプを選択できるらしく、お客さんはどのようなのが好みか、コックさんに受け答えをしている。いよいよ先輩の順番が回ってきて、トマトミートソースのパスタをお願いします、と先輩がコックさんに告げてしばらくのあと、どんなパスタタイプが好み？　と問われ、

「スタンダードな、えーっと、ストレートにしてください」

と少し戸惑いながらも英語で答えていた。しばらくすると湯気をあげた、できたてほやほやのパスタを受け取り、先輩はテーブル席のほうへ歩いていった。

列の一番前へと進む。いよいよ自分の番が回ってきた。正面にはとても大きなフライパンがひとつある。その向こうには大きな体のコックさんが立ち、こちらに微笑んでいる。

「パスタ・ラビオリを」

直感を信じ、そう告げた。すぐに調理が開始される。まずは具材の野菜がフライパンのなかでにぎやかな音をたてる。ある種、エンターテイメント感覚で、目の前で行われる調理を眺めた。必然と味への期待も高まるというもの。ただ内心は、ドキドキしながら待ち構えていたのだ。なぜなら、これまでのお客さんがそうであったように、じきに自分も好みのパスタのタイプを尋ねられると思ったから。はたして上手く英語で受け答えできるだろうかと。しかしながら、なかなかその瞬間が訪れない。コックさんはフライパンだけを一心に見つめ、黙々と料理するばかり。こちらに何かを聞こうとする素振りすらない。

もしかして忘れているのだろうか?

野菜が炒めあがり、次にコックさんは冷蔵庫から取りだした白くて柔らかそうな、何や

ら四角いものをフライパンにぱらぱらと投入した。野菜と一緒に炒められる。となりに大きな皿が一枚用意され、そうこうしているうちに、フライパンの中身はすべてその皿へと移された。手にした皿を、コックさんはこちらへと大きく差しだす。

とうとう自分は何も質問されなかった……。戸惑いつつも、両手で受け取る。長いパスタが颯爽と登場するシーンを見ることもなく、まだこれは道半ばではないかと思えたが、皿を手渡された事実から判断すると、以上でパスタ・ラビオリは完成を迎えたらしい。ありがとう、と小さくコックさんに言い、少し肩を落としながら、先輩が待っているテーブル席のほうへ歩いていく。

パスタという概念を覆す見た目。一見すると、それは小さくて薄っぺらな餃子だった。いつも見慣れている細長いパスタは皿のなかに一本も存在せず、代わりに、パスタ生地で具を包んだ四角い餃子みたいなのがたくさん入っている。つまり、パスタの好みを選択する余地は、そもそもパスタ・ラビオリを選んだ時点でなかったのである。

これは、パスタなのか？

漠然と起る疑問。小麦粉を材料にしてあるのは同じだけど、これまでの認識としての、細くて長いというパスタの概念からはあまりにもかけ離れ、これではパスタの範疇に入っていないのではないか。自分は、これまで長いパスタしか基本的に食べたことがなかった。最近ではツイストしていたりする、変わったものがあると知ってはいたが、こんな突拍子もない形があろうとは。

そもそも、生まれてはじめてのパスタという食べ物との出会いを記憶に振り返ってみれば、それは小学校の低学年まで遡る。ふだん滅多に行けない高級な店構えのレストランに家族で入り、パスタを注文したものの、家族全員がテーブルの上に置いてあったタバスコをかけ過ぎてしまい、結果、辛くてほとんど食べられなかったという苦いエピソードがよみがえる。この、はじめてのパスタとの出会いは、いかに異文化というものが想像を超えたものであるか、まざまざと思い知らされるセンセーショナルな出来事として心のなかに刻まれたのと同時に、パスタこそが未知なる異文化への第一の扉を開く出発点となった気さえする。以来、今日まで幾度となくパスタを食してきたが、美味しくパスタを堪能することはつまり、異文化そのものをありがたく受け入れる幸せでもあった。

ただ、これはパスタなのか、否か？

ふとフォークとスプーンの動きをとめて、そんなふうに思った。

大きな疑問を胸に抱きつつ、いまだ自らに解答を得ぬまま、パスタ・ラビオリを完食した。

「やっぱり、トマトミートソースのパスタは、世界中どこで食べても同じ味だね」

先輩はとなりで満足そうな表情を浮かべる。一方の自分といえば、かなり複雑な心境だった。パスタ・ラビオリのなかには具が入っていたが、自分の舌にはなんとも表現しがたい味がした。たとえるならば、子供の頃に父親のビールを口に含んだ時のような、未知なる味を知ったときの苦みが、口のなかいっぱいに広がっていた。

先輩とふたり、勘定をして店の外へでることにした。入口の扉の外はとても寒かったと思いだし、上着のファスナーを目一杯閉める。扉はゆっくりと重たく、外の冷たい風を招き入れつつ開きはじめた。この時なんとなく、異文化への第二の扉が、開かれた気がしたのだった。

外国羨望？　先ず日本！

大戸 二郎　大阪府・七十一歳

私は七十一歳、この年にして海外旅行に出た事は一度たりともない。私をとり巻く好奇心旺盛な連中は、老後の蓄えを犠牲にしても、北欧だ、南米だ、どこそこだと、大きなトランクを誇らしげに引きずって、空港でふんぞり返っている。

「なんで狭い島国に閉じ籠もっとんや、たまには外へ出んかい」

連中はそう言って私の尻をたたく。外国のどこよりも日本がよい。それは生まれ育ったからでもあるが、それを言ったところで、ゴールドコーストだ、マッターホルンだ、ナイアガラだと、日本とは違うものを持ち出して、

「もう歳だろう、あの世へおさらばする前に、一度くらい行ったらどうや」

と、失敬な事を言っては行かせようとする。そんな連中にはそのつど、

「そんな金などないんや」
で黙らせているが、本心はこの歳になっても、いまだ見たり、聞いたり、体験していない、日本の名所や景観、伝統や風習があるからである。私はこれまで、日本のここぞと思う所は旅してきたが、どこを巡っても満足して帰ってきた。まだまだ、見たい、行きたい所は多々ある。外国など二の次である。

数知れない鶴の飛来を呆然と佇んで見た鹿児島の出水《いずみ》、のり被害は残念だが、チョボチョボと這いまわっては愛らしい眼をキョロキョロさせるムツゴロウの生息する佐賀県の有明海、梅の香り豊かな和歌山の南部《みなべ》の梅林、十重二十重の奈良県吉野の桜、北海道では海の神秘に驚嘆したサロベツ原野、かれんな草花にとり囲まれ弁当を開いた礼文島、熊がいつ出るかとおどおど歩いた知床半島、それらのどれもが心に残り、何度行ってもよいと思うが、日本の良さはまだまだあり、私は、それの半分、いや十分の一も知らないから、これから先も日本を巡り歩きたいと思う。

一方こういう素晴らしい日本の自然も、利便を追求したためや、公害などで、おいおい失われてゆくことに限りない哀愁を感じる。と同時に、自国をいとおしみ、まだまだ残っている自然を愛し、次世代に残してゆく事を切に望む。

日本で初めて立ち上げた自然保護を呼びかける、南紀天神崎のナショナルトラスト運動の精神などが広まり、自然を愛する心が広まることを願ってやまない。

私をとり巻く口うるさい海外羨望派には、

「あなた方は、自国の日本のことをどれくらい知っていますか?　知らずに海外へ出るのは恥ですよ」

と言ってやろう。

「私は日本の一部しか知っていない。おそらくこの世におさらばするまで、三分の一もわからずにいるだろう。だから、海外よりも日本を求めてゆく」

とつけ加えることにしている。

最初で最後の母子旅行

うさ桃　千葉県・三十六歳

七年前の秋。

たまたま仕事を辞めて時間があった私を、母が台湾旅行に誘ってくれました。

恥ずかしながらまだ一度も海外旅行に行ったことがなかったのと、ちょうどその頃両親の友人が仕事の都合で台湾在住だったので、案内してくれる、という話があったからです。

飛行機で三時間弱とはいえ、初めての海外旅行、とても緊張しました。

貴重品は大事にしなきゃ、と思いすぎたせいで、肝心のパスポートをスーツケースに入れてしまい、確認の時点で大慌てしたことも覚えています。

日本ではすでに上着が必要になっている十月。台湾では半袖でも暑いくらいの陽気。看板は見慣れない漢字ばかりで、外国に来たのだと実感しつつ、案内してくれるガイドさんが日本語ペラペラなのがおかしかった。

母と二人、右も左も分からないくせに、タクシーは使わないで現地の地下鉄であっちへ行ったりこっちへ行ったり。

故宮博物院へ行くためにバスに乗りたかったのに、その乗り場が分からず、片言の英語で話しかけても誰も英語が分からない。

そこで活躍したのが母の怪しい中国語カード。

『トイレはどこですか?』

『バスの乗り場はどこですか?』

そんな内容を中国語に翻訳してメモしたカードを見せたら一発!

出かける前、「そんなもの使わないでしょ」と馬鹿にしていた私ですが、母のたくましさに脱帽。おかげで無事目当ての故宮博物院にもたどり着けました。

その後、また地図を片手に、母の友人がお茶を教えている教室まで徒歩移動。

そんな無謀な……と最初は思ったのですが、台湾の街は碁盤の目のようになっていて、番地だけでめどが付くようなつくりになっているんですね。

なので教室にも無事到着。

でもさすがに、タクシーを使わず歩いてきた、と話したら、母の友人はかなり驚いた様子。

「勇気あるよね～」

と。やっぱりそうなんだ。

社会に出て多少は度胸と知恵が付いたつもりでいた当時三十歳。

でもやはり母には敵わない。

おかしいやら、悔しいやら、嬉しいやら。

現地に在住の母の友人夫妻と一緒にご飯を食べていたら、

「もしかして結婚が近いの？」

の質問。

まさかまさか。そんなんじゃないですよ。

笑いながら答えたけれど、でもその後すぐ今の主人と知り合い、一年後には結婚していました。

結婚したらなかなか実家の母親と旅行に行くなんてできないから、本当に良い機会だったようです。

その後、母は病気になり、二年前、亡くなりました。
最初で最後だった、母との海外旅行。
帰りの飛行機で、
「たくさん旅行には行ったけど、こんなに楽しかった旅行はなかったわ」
そう言ってくれた顔も声も、今でもよく覚えています。
恥ずかしがりやで写真嫌いな母子だから、台湾でもほとんど写真は撮りませんでした。
こうなるって分かっていたら、もっとたくさん旅行に行きたかったな。
もっとたくさん、写真が撮りたかったな。
でも、今でもちゃんと心に残っているから。それでいいよね、お母さん。

あれから二十一年

井伊　ひより　東京都・四十四歳

お・そ・い。成田空港行きリムジンバスの出発二分前、まだ乗り場に来ない友人にイライラし、運転手さんに「もう一人来ます、あと少しだけ待ってください」

またイライラ……とうとう出発時間、あ〜一人で先行くか、と向うのほうからスーツケースをすごい勢いで引きずり、必死の形相で友人登場。

「ききき来ました」

なんとか二〜三分遅れで無事二人共乗り込み、いざ出発！

人生初の海外旅行は〈フランス・イギリス十二日間Ｆ１観戦ツアー〉

ここまで長かった。月給の三倍の旅費を稼ぐため、半年前から土日は、ヤマト運輸のバイト。旅行で会社を休む間の自分の仕事をこなし、家族、親戚、友達にお餞別をもらい、待ちに待った今日を迎えたわけです。

どんな旅が待っているのか、期待と不安で胸一杯、昨晩は、二人共ほとんど眠れずじまい。

張り切りすぎて、集合時間の二時間前に成田空港に到着。飛行機の出発まで四時間以上。初めての空港を、ウロウロキョロキョロ、忘れ物はないか、パスポートはあるかと何度も確認。

集合場所で、ツアーをご一緒する方達と初対面。私達と同年代の方も多く、みなさんやさしそうで一安心。

「どうぞこれから、十二日間よろしくお願いします」

飛行機に乗り、待ってました！　機内食を、配り始めた気配。出発前読んだガイドブックに〔飲み物は手を上げて注文する〕とあったので、おもむろに立ち上がった私は、後ろを振り向き、大きな声で「すみませ〜ん。オレンジジュースくださ〜い」と元気に手を振ると、満席の乗客からいっせいに、冷めた視線が。そしてスチュワーデスさんの、やさしい言葉遣いの中に冷ややかさ一杯の「順番にお持ちします。お待ちください」を浴びせられ、おずおずと座りながら、「だって本に書いてあった……」とつぶやき、恥ずかしさのあまり身を小さくして、しばらくしょんぼり。

でも空の下に日本ではない陸地が見えてくると（とうとう私、外国に来たんだ！）と、嬉しさがこみ上げ窓の外の景色に夢中になり、さっきの赤っ恥は、すっかり忘れて大はしゃぎ。

いよいよフランス、シャルルドゴール空港に到着。映画やテレビの世界のパリ。

ここでトランジットのため、二時間ほど空港内で待つことに。見る物全て洗練されていてステキ。絵葉書を売っている回転台さえパリふう〜。

夢心地でいると、同じ事を繰り返すアナウンスが。もちろんフランス語が解るわけもなく伝わってくるのは、何か注意を促す、緊急な雰囲気だけ。どうする事もできず友人と二人「なんだろうネ?」って、ベンチに座っていると、さっきまで私達の周りにいた人達がいなくなっている。あれれ?　っと思った瞬間、『ドカーン』と、ベンチからお尻が浮き上がるほどの大音。耳がキーンとなり、エッと思っていると『ドカーン』と二発目。呆然とし、次もくるのかと構えていたら、落ち着いた声でアナウンスがあり、周りの人達が戻って来る。ななな何があったんだ?　どうなってるのここ！

すると同じツアーの方が、私の肩をポンポンと叩き、「爆発物の処理をしたみたいよ。

周りの人達が、あの二人の女の子は平気であそこに座ったままで、たいしたもんだ、日本人か、凄いなって話していたよ」と、ちょっと変な笑顔で教えてくれました。

海外初宿泊先は、エクサンプロバンスの森の中のコテージ。今でこそプロバンス地方は有名だけど、当時はまだ観光客も少なく、宿のほうも日本人と接するのは、ほとんど初めての田舎、完全な山の中。

ここには大きくて有能な番犬がいる。コテージの外をウロウロしてようものなら、ものすごい勢いで飛びかかってくる駿足獣。油断していた友人のスカートは、すでにこの犬の餌食になり、歯で穴が開き、よだれでベチョベチョ。

コテージに帰る時は、ツアーの誰かが犠牲になっている隙に、一気に自分達のコテージまで走り、すばやく部屋に逃げ込む毎日。

今日もなんとか生贄にならず、無事に部屋にたどり着きホッとしていると、なんとトイレットペーパーの残りがない。フロントに電話をすればすみますが、売店で水が欲しい事さえ、伝わらない私のフランス語、電話では無理。ペーパーの芯を持って行って、身振り手振りでもらって来るしかない。でも外にはあの有能な番犬が……。

意を決し芯を握りしめ、フロントのある棟まで友人と二人、真っ暗な森の中を走り出す。

あいつが、絶対このスカートの裾を狙って、もうすぐ飛びかかってくる。

息を切らせフロント棟になんとかたどり着き、トイレットペーパーを二巻もらい、今度はそれを私が両手に持ち、友人はすぐに差し込めるよう鍵を構えて握りしめ、コテージに向かい猛ダッシュ。

あとすこしでコテージというところで、後ろからダッザッダッザッタダッと、何かが追いかけてくる足音。ま・まずい、気付かれた。狙われている、早く！　急げ！　急いで！

鍵開けて〜〜！

トイレットペーパーの形は変わりましたが、スカートの裾は無事なまま部屋に生還。

翌日、宿の方から置手紙が。もちろん読めない私達、添乗員さんに読んでもらうと、

「『あなた方の勇気に感謝します』と書いてありますよ。どういう事？　何かしたの？」

「はい。しました。しましたとも、そうとう勇気いる事しました」

その後もオープンテラスのレストランで、パリジェンヌ気分で食事をしていると、近所の老夫婦にフォークの使い方が良くないと、身振り手振りで直され、練習させられたり、駅のトイレで水を流すボタンが、上すぎて手が届かず、便器の上に上って、落ちそうになったりと。大騒ぎのうちにフランス滞在の日は過ぎていきました。

明日はいよいよイギリス！　ロンドン！　と、ここで旅行前からの寝不足と緊張で、体に異変が。下唇の内側に大きな口内炎。できた場所が悪くこれが痛い。口を動かすだけでも痛く、食事や飲み物はヒーヒー言いながら食べる状態。いつも蜂蜜を塗ると良くなるので、蜂蜜探し。しかし、サーキット場に蜂蜜が売っている訳もなく……。

するとロンドンのホテルの朝食にHoneyの文字が。ハニーって蜂蜜だよね？　そうだよね？　早速注文して、これで治ると望みを持ち、翌朝のルームサービスを待ちわびる。

でも、届いた朝食に、ハニーはなく代わりにマーマレードが……。

翌日もハニーに印付けたのに届いたのはイチゴジャム。ハニーは……。

Ｆ１観戦も充分堪能し、憧れのアイルトン・セナとも写真を撮れて大興奮。

地中海に吹き降すフランスの地方風ミストラルにも吹かれ、イギリスの羊牧場や、レンガ造りの建物に感動！

帰りの飛行機に乗る前に、ツアー参加者全員で記念写真。お互い連絡先を教え合い、また別のサーキット場での再会を約束し、お別れ。

帰国後、友人はフランス語のオープンカレッジに通い始め、私は英会話の勉強を開始。

あれから二十一年が経ちました。二十一年前どんな仕事を抱え、どんな恋をし、何をして過ごしていたか、ほとんど思い出せませんが、この旅行をしたたった十二日間は、こんなにも楽しく鮮明に思い出せる特別な日々です。旅って最高！

最後の晩餐

清野　美智子　　東京都・五十歳代

レオナルド・ダ・ヴィンチの「最後の晩餐」は完全予約制である。ＨＰではイタリア語のほかに英語表記もあるが、インターネット環境がなければできない。また電話の場合も、イタリア語と英語での受付があるのだが、語学が堪能でないとなかなか難しいだろう。見たければツアーに参加するしか手はないのが現状だ。一回の入場で十五人から二十五人。一回十五分から二十分の鑑賞時間制限付き。

一七二六年から数えて六回の修復が行われ、その修復はブランビッラ女史が二十年以上の歳月をかけて、一人で遂行したという「最後の晩餐」。

今、私達はサンタ・マリア・デッレ・グラツィエ教会の前にいる。夫は、以前も鑑賞したいと思ったのだが、当時の予約期限の一カ月前をきってしまったため、希望がかなわなかったことがある。今回も事前予約ができなかったので無理だと充分知った上で教会を眺めている私に、前回の無念さを話し始めた。

美術館ではなく、教会なのだから条件付きは当然、という説明は夫には納得できていない。この地に立てば、世界に誇る名画を誰でも見たいと思うはず。ひと月前の予約の必要性がどこにあるのか。これは受付側の現実の理解不足、怠慢、高慢さではないのか。

この広場に偶然二人の若い日本人がいた。彼女たちは見たくてうずうずしている。けれど、ひと月前に予約が必要なことを知らなかった。夫は突然、何を思ったか、彼女たちについてくるように話しかけた。

中に入ると受付で次々と断られている観光客の群れでごったがえしている。列に並び、順番がくると、夫は交渉を開始した。まず、名前を告げて予約したと伝えた。受付係の若い女性は、真剣にパソコンの画面に日本人の名前を探すが見つからない。

しばらくして、彼女は首を振り振り見当たらないと答えた。夫は無論引かない。秘書を通して予約している。ないはずはない。もう一度調べてくれと主張する。「もしかして招待客の枠ではありませんか？」と質問され、夫は「もちろん招待客だ」と答える。「ああ、それではあちらの受付になります」と別の受付に回された。イタリア語で機関銃のようにこちらの受付嬢から、あちらの受付嬢に伝令を出す。さっそくカチャカチャ、とパソコンをはじき、名前を探す。間もなく、同じように、首を振り振り、名前は見当たらないと答える。夫はそんなはずはないと繰り返す。時は刻む。

ふと彼女の手が止まる。五人組で夫の名前の一文字が異なるグループが見つかった。これに違いないと彼女は示唆する。だが、一人足りない。夫は即座に、あと一名は体調を崩してホテルで寝ていると説明した。

ついに念願叶って、受付主任らしい老齢の女性が私達四人を、慇懃な態度で案内する。まず、第一の扉の奥に入り、そろりそろりと第二の扉に近づく。ゆっくりと扉を開くと、「楽しんでください」と微笑んで去っていった。

いきなり、がらんとした空間に入る。中には数人がじっと名画を見つめている。こんなにすいていると思うと、受付前の長い交渉が馬鹿らしく感じた。

縦四・二メートル、横九・一メートルの巨大壁画を目前に、門前払いを食わされた人々に同情さえしたくなる。

イエスが受難の直前、十二使徒と共にとった晩餐の名画が広がる。これこそがキリスト教会における晩餐の原型、天才の描いた名画。ああ、それにしても淡い。全体に力がない。

修復の腕のせいではない。名画をカビから守るにはこうするしかなかった、と思う。レオナルドが手法を誤ったのだ。

修復された絵は、私にこう囁く。

「画家なんかやめておけ。私ほどの才能を以てしても完全はない。だから、やめておけ。それでも諦められなければ、私のあとに続け。道は険しく孤独だぞ」

天才の前に道はない。レオナルドの知性はどこを彷徨《さまよ》ってこの手法に至ったのか。天才がこの修復状態を見たら嘆き悲しむだろう。生涯で描いた絵画の数は決して多くはないのだから。

レオナルドの失意の声が聞こえる。

「私が心血注いだ名画も、手法を誤れば輝きを失う。それがなんと空しいことか。魂を失くした私の絵が、人前にこんなふうに晒されるのは辛い。見るな。早く行け。長く見つめていても意味がない」

不遇の運命を嘆いている。私はイエスにも、同じ哀切を感じていた。

イエスをカリスマとするユダヤ教、神の子とするキリスト教、預言者とするイスラム教。全て永遠の平行線。イエスの解釈を巡り、殺しあうイスラエルの地。すべてイエスのせいなのか、イエスの表情は悲しみに満ちている。

唯一絶対の宗教を巡る戦い。『ダ・ヴィンチ・コード』を発表して命を狙われたダン・ブラウン。話せば分かるという日本人の認識が及びもしない世界が生んだ傑作。もっと歴史を学ばなければ、絵画一枚の理解もおぼつかない、そう痛感した。

夫がそろそろ出たほうがいいと促す。私もそう感じた。何しろ、代役で入ったのだ。本人たちがやってくる前に出なければならない。けれど若い二人は名残を惜しんで、なかなか離れようとしない。夫は出口付近へと歩き出し、私も足早にあとを追った。二人はやっと渋々歩き出す。その時だった。出口と反対側、受付裏の扉がバタンと開き、老齢の主任女性が私達を見つける。顔を左右に速く振り、直後に人差し指を左右にゆっくり振って、「私を騙したわね」と目で訴える。その傍らには本人が不思議そうな表情で私達を見つめる。「いくぞ」と夫は扉をガッと開いて、私達を外に出した。そのまま売店を通過して扉を抜けると、ブラマンテ設計の美しい回廊の前に出た。ゆっくりと歩きたかったけれど、追い付かれてはまずい。前方を見据えて速々と歩き続けた。

広場に出たところで、彼女たちは歓声を上げ、手を握り合ってこう言った。

「見たわ、ついに見たわ。やったわ、やったのよ。『最後の晩餐』をこの目で、本物を見たのよ。ああ、信じられない。本当に見たなんて。ありがとうございました。凄いですね。本当にありがとうございました。お二人のこと忘れません。絶対に忘れません」

入場料の三十二ユーロを支払わずに出てきたことは反省すべきなのだろうか。いやいや、通常の手続きを経て予約を取れば、招待枠を得ることはできる。それをひと月、前倒ししただけだ。

「ガラガラなのに、門前払いしていたなんて分かったら、あいつら怒り狂うだろうな」入場を断られても去りがたく、広場で群れている大勢の観光客を眺めながら、夫と二人、満面の笑みで立ち去った。

思い出のニコンと鬼ヶ島

りきまる写真館　岡山県・五十一歳

無数に浮かぶ瀬戸内の島々へ渡り、その時その場所でなければ撮ることのできない、そして感じることのできない島の風景を撮ることの楽しみを教えてくれたのは、十五年前ほんの小さな思い付きで始めた島への一人旅だった。

十五年前のある夏の早朝、私はやっと手に入れたニコンF90Xを三脚に据え、瀬戸内の夜明けを撮影しようと大槌島《おおづちじま》を望む海辺に立っていた。

その日の瀬戸内は、夜明け前の静かなひと時、空と海が真っ赤に染まり小さな漁船の音だけが響く、夢のような世界を私に与えてくれたのだ。

やがて大槌島、通称〝おにぎり島〟の周辺が真っ赤に染まり始めた。

私は朝焼けを背景に浮かぶ〝おにぎり島〟を目の前にして、これからの貴重な休日の一

日をどのように過ごそうかとカメラのファインダーを覗いていると、シルエットになった島々の間から手招きをされるように、ふと以前から気になっていた香川県高松沖に浮かぶ〝女木島《めぎじま》〟、通称〝鬼ヶ島〟と呼ばれる島へ無性に行ってみたくなった。

たったこれだけの、ふとした思い付きの一人旅が、私に瀬戸内の島々を撮影するきっかけと魅力を与えてくれたのだ。

こうして、晴れた夏の一日を鬼ヶ島へと、ニコンF90Xを持って思い付きの小さな小さな一人旅をすることにしたのだった。

まず、コースを決めなくてはと、さっそく車の助手席に投げてある地図を開き、自由な一日の大雑把な計画作りを始めた。

とりあえず、玉野市～宇高フェリー～高松～フェリー～鬼ヶ島のコースができあがったので、さっそく後部座席にカメラ機材一式を積み込み、玉野市内フェリー乗り場へと車を走らせることにした。

朝早いためか、車は少なくあっという間にフェリー乗り場へと着いた。

フェリー乗り場の係のおじさんに、「高松行きのフェリーは何時頃出るんですか」とのんびり聞くと「はよーせんともう出るぞー」とあわてた様子で急かされ、車は駐車場へ止め、人間だけフェリーへ無事乗船完了。

このほうが安い……。

フェリーのデッキへ出てみると、朝の潮風が気持ちいい。さっそくカメラを取り出し瀬戸内の朝風景をパチリ。乗船間際に買った缶コーヒーを飲み、頭をすっきりさせると、あらためて自分の立てた即席の旅計画が間違っていなかったことを実感。

乗船時間約六十分、午前九時前高松港が見え始めると、他のお客さんが次々と荷物を持って立ち始め、大きなカメラを持った中学生ぐらいの男の子数人から「おじさんも写真撮りに行くの」と話しかけられた。中学生が〝撮影旅行〟とはすごいなと内心思いつつ、「ああ、君らは何を撮りにいくの」と質問すると、不思議そうな顔をして、「今日高松に来て

るアイドルの〝？？？……〟ちゃん撮りに行くんじゃないの？」

返す言葉なし。

あっけにとられていると、中学生たちはいつの間にかどこかへ消えて行った。

そんなふうに見えたのか……。

気持ちを新たにし、下船。高松港に着くと急に空腹を覚え、そうだ、朝からコーヒーだけしか飲んでいなかった、せっかく高松に来たんだから讃岐うどんを、とフェリー乗り場周辺を探して歩くと、一軒の小さなうどん屋さんを発見、あまり期待もせずうどんを注文。思ったとおり……、でも雰囲気だ。と納得しながら讃岐うどんを満喫？

ついでにと、おにぎり弁当を作ってもらい購入。きび団子のほうがよかったかな……。鬼ヶ島行きの船乗り場はどこかとキョロキョロして歩いていると、〝鬼ヶ島ゆきのりば〟の赤い看板を発見。

カメラと三脚を担ぎ、真っ赤なフェリーに乗船、まだ見たことのない〝鬼ヶ島〟の風景に期待を膨らませながら。

約二十分後、船は真っ青な夏空の下、島々の間をぬって鬼ヶ島へ到着。港から少し歩くと、見上げるほど高くつまれた石垣、その間から突然鬼……ではなくて、一人のお婆さんが手押し車を押して出現。

一言声をかけて、一枚パチリ。

石垣のことを聞くと、

「風除けだよ、この辺りは冬場に〝オトシ〟というきつい風が吹いて、波しぶきがかからんように、石垣が高いんよ」

と、優しく話してくれた。

さらに島内を歩くと、やはりあちこちに背の高い石垣、石垣、石垣。そしてところどころに空き家が目立つ。

島の魅力を感じやってくる人、魅力を失い出てゆく人……。島の現実を見てやや感傷的になる。

しばらく、島の中をスナップ撮影しながらのんびり、ぶらぶら、強い夏の日差しの中、海風がとても気持ちよく、特に木陰は別天地。

島には我がもの顔でのら猫がいたる所から顔をのぞかせ、こちらを見るので負けずにカメラでパチリ。

昼過ぎに、海辺の木陰で買ってきたおにぎり弁当を広げた。夏の海を見ながら、おにぎりにかぶりつくと、美味しい！うどん屋さんでおまけにもらった夏みかんをむいて口に入れると、言うことなし。

午後、島内をカメラを持って散策していると、にわかに空が暗くなり、雨がぽつりぽつり、あわてて港の待合室へ駆け込むと、途端にどしゃぶり……。

三十分くらいで雨は上がり、午後の強い日差しが再び照り始めた。

打ち水をしたような港では、コンクリートの暑さのためか、水蒸気が煙のように立ち上り、広場では逆光で光る水溜りに足を突っ込みながら、小学生くらいの男の子たちが遊びまわっている。

沖合にはまだ黒い雨雲がたちこめ、所々で稲光が光っている。

そんな何気ない雨上がりの風景をカメラに収めつつ、ぼーっとしていると、何か夏の日の幻影を見ているような不思議な感覚を覚えた。

鬼の仕業……。

午後の船に乗船し、鬼ヶ島をあとにした。

鬼ヶ島には、鬼ではなく、〝オトシ〟の話をしてくれた優しいお婆さんと、不思議な幻影があったような気がした。

帰りのフェリーで、遠くなってゆく〝鬼ヶ島〟を見ながら、瀬戸内にはこんな島がどのくらいあるんだろう、時には、忙しい日々の暮らしから脱出して、夢と幻影を探しての島巡りの旅、これからも続けてゆきたいと、その時まだ見たことのない、無数の島風景に対する憧れが心の底から湧き上がってくるのを感じた。

あの日から十五年の歳月が流れ、カメラはデジタルに変わったけれど、同じスタイルでのんびり気ままにをモットーに大小数え切れないくらいの島へ渡って、瀬戸内の島風景をカメラに収めることができている。

インシャルラ

早田 遼亮　　山梨県・三十三歳

旅行に行くと、その文化独自の言葉に出会うことがある。タイだと「マイペンライ」、フランスだと「サヴァ」といったところだろうか。その中で特に印象的だったのが、イスマイールという名前のパキスタンの青年に教わった「インシャルラ」という言葉である。

私がイスマイールと出会ったのは、パキスタンのペシャーワルという町だった。彼は両親のやっているラッシーの店の店番をしていた。

海外に行くと暇でボーッとしている人達をよく見かける……。

彼もそんな人達の一人だったが、常に身近に迫るテロの脅威に怯えながらも、彼の目はいつも輝き、敬虔なイスラム教徒として礼拝も欠かさなかった。

イスマイールはよくイスラム文化についても教えてくれた。「ラマダン」これは断食の行事だが、実はもっと深い意味があり、ラマダンの期間中はすべての人間の悪い欲求を絶つことが目的であるという。例えば、他の人にいいことをする。人の悪口を言わないなどである。

そんなイスマイールが教えてくれた言葉が「インシャルラ」である。日本語に訳すと「アラーのご加護がありますように」ということなのだが、彼の説明では、「この言葉は、これからあなたが今よりもっともっといい状態になりますようにという、おまじないの言葉です」ということだった。

日本語でもこんなに短く言えて、似たような意味の言葉があるだろうかと考えたが、私の考える限りでは見つからなかった。

人懐っこく、旅人を精一杯もてなしてくれるパキスタン人やイスラム教徒ならではの言葉ではないかと感じた。

しかし、この「インシャルラ」には、「何をやってもアラーの思いどおりだよ」という別の意味もあり、これから先どうなるかわからない……今を楽しめればいいという、これまたイスラム教徒の「のんびりさ」を表す言葉となっている。

言葉は体をあらわす……。「インシャルラ」この言葉がよくも悪くもイスラム文化を象徴することに違いはない。そんな異文化の一端に触れられるのも旅行の醍醐味だ。

神戸の風・大阪の風

岩越　祐子　　大阪府・五十二歳

三月十六日に、神戸までプチ旅行をした（日帰り）。三ノ宮駅近くにある、I会館で、「華麗なるオーストリア大宮殿展」が催されていて、それを鑑賞するために、知人のKさんと私の二人で、三ノ宮駅に着いたのは、午前十時半頃だった。

向かいのSデパートを見ながら、スタスタと歩いていく。通りには、カラオケ店やパチンコ店が、そして、スナックが目立ってきた。大阪の、宗衛門町の風情に似ていて、大阪の街を歩いているような錯覚が起きた。

十一時頃だったが、先に昼食をとる事にして、食事処を探すが、どの店も、十一時半からだという。「準備中」の札を、うらめしく思った。歩き続けて、ようやく定食メニューの書かれた看板を見つけ、ビルの中に入る。入口付近に、のれんがかかっているので、それをくぐって中に入ると、狭い店内に、小さな照明灯が一メートル間隔で数個灯されていた。その他の照明は消されていたので暗かった。女性店主が黙っているので、私達のほうからあいさつをしてカウンター席に座った。ほどなく、店内の照明を点けてくれた。

テーブルを見ると、どのテーブルも鉄板テーブルになっていたが、お好み焼屋ではなかった。私の座った席から、テレビが映っており、ニュースが流れていた。

Kさんは、玉子焼定食を注文し、私は、おでん定食を注文した。私達の座っているカウンターも鉄板になっていて、その鉄板にとき玉子を流し入れ、真四角に焼き、ここで、くるくると玉子を巻いていく動作に、長年のキャリアを見た。

店を始めて十六年という店主に、大震災を思い出した。阪神淡路大震災の傷跡は、街中歩き回っても、どこにもなかった。けれども、人の心の傷は、そう簡単に治りはしないだろうとも思えた。

店主が、私の目の前に置かれてあるおでん鍋のふたを開けて、私に好きなものを選ばせてくれた。四種類選べるとの事で、玉子、厚揚、ちくわ、半ぺん、と言うと、結び糸こんを一つ加えてくれた。Kさんと同じおかずは、ナスの田舎煮ともずくの酢物（うす切キュウリに、おろしショウガが添えられている）、わかめとうす揚のみそ汁、米は近江米だと店主が言っていた。ご飯も炊き立てである。

ご飯も、おかずも美味く、ご飯のお代わりもできて、六百五十円である。安い！　と思った。おかずもご飯も食べ終わるまで、私達は、何度、美味しいと連発した事だろう。いつしか、店主にも笑顔が見られた。

店を出て、裏通りを私達は歩いた。この通りは、東大阪の永和商店街に似ている！　とか、この街の風情は、近鉄八尾駅前の裏通りに似ている！　とか、二人で発見した事を言い合いながら、三ノ宮駅前にある、市役所を通り過ぎ、新聞社を通り過ぎて、やっとI会館に着いた。

昨夜から朝の七時頃まで雨が降り続け、八時にやんだので、この天気なら、そんなに混雑しないだろうと思い、思いきって神戸に出向いた。神戸三ノ宮駅に着くと、カラリと晴れていた。会館は、大勢の来場者ではあったが、心配していたほどではなくゆっくり鑑賞する事ができた。

マリア・テレジアの肖像画の前に立つ。絵から滲み出る迫力が感じられた。その迫力こそ、女帝マリア・テレジアのパワーなのだろう、と思われた。多産で、十六人の子供を産んだ、マリア・テレジア。彼女の若かった頃の肖像画や、年老いた肖像画を観ているうちに、親しい人のアルバムを見ている気分になってきた。家族の肖像画が、展示されていた。同じ画家に注文していたようである。画家にとっても、マリア・テレジア一家は、彼の生活を支える大事な人々だったろう。どの肖像画からも、それぞれの人となりの魅力が引き出されていた。

順路に沿って進んでいくと、最後は販売コーナーになっていた。私は土産として、名画がプリントされたポストカードと、ヨーロッパ絵画の本を買った。

会館を出ると大通りで、神戸らしい街並みに、やっと旅行者気分が芽生えた。吹いてくる風も、さわやかで心地よかった。風が暖かい。しばらく歩くうちに、足が痛みだし、喫茶店を探す。ビルの階段を下りると、ブティックがコーナーごとにわかれていて、娘さん達が、カラフルな服装で服選びをしていた。並びに喫茶店があったので、コーヒーとケーキを注文した。神戸まで来て、コーヒーもケーキも食べずに帰れなかった。注文したケーキは、ブルーベリータルトケーキ。Kさんは、マロンケーキを注文された。神戸＝ケーキ、という私の認識である。パンも娘に買って帰ろうとも思った。私の乏しい認識は、元町といえばケーキであり、神戸といえばパンであり、アクセサリーだった。

大阪駅に着くなり、神戸の風とは格段に違う、大阪の風が吹いていた。大阪の風は、埽き出すような風だった。そして冷たかった。六甲おろしを思った。神戸の風は、私には優しく感じた。大阪の風は、ハタクような強さがあった。身体ごと、大阪の風にハタカレているように感じた。

私は大阪の地で生まれ、育って来た。大阪人の打たれ強さは、この風の叩きつけるような風土によって育まれているのかもしれない。

ベリー・グッド・ボーイ

星乃 うらら　東京都・五十八歳

旅をしていると、海、湖、川など、水の満ちた風景たちに心魅《ひ》かれる。癒され好きの私は、そこに遊覧船、川舟などを見つければまず近寄っていく。

夫と二人で、千葉県佐原のさわら舟に乗り、川くだりをしてきた。十二月初旬だった。世間では年の瀬で、大掃除でも始めようかという時期だ。世の流れに逆らって、小京都といわれる柳と川の町をのんきに歩いてきた。かつて、水郷のあやめ祭りの帰途、この町に立ち寄っている。鰻重を食べて満足して以来の佐原歩きだった。

町の中心を流れる小さな川は、小野川というそうだ。川端に柳が続き、冬枯れの細枝がしなやかに風に揺れる。昔ながらの白壁土蔵が陽で輝く。浮世を忘れて、そぞろ歩くにはぴったりの町だ。小さな川に小舟が客を乗せて上り下りし、絣もんぺのおばちゃんがのどかに櫓をあやつる。舟の上にはなんとこたつなどもしつらえてあるようだ。

「今度こそは、さわら舟に乗りたい」

と夫が言った。春来た時は発着所の行列を見てあきらめていたのだ。今回は師走の冷たい川。さすがに並ぶ人は少ない。チャンス到来だ。二人の呼吸も合い、乗ることに決めた。

「さあさあ差し向かいでこたつに足を伸ばしなさいな」

発着所の世話人のおじさんはとても威勢がよく、靴脱ぎの場所なども教えてくれた。

冷たい空気をぬって、こたつで暖を取りながらゆらゆらと下って行く。お舟の心地好さは格別だ。川の水は思ったよりきれいで、川幅も広く感じられた。船頭のおばちゃんが、舟をこぎながら佐原の歴史を教えてくれる。この時だけはちゃんと頭に入り、しっかり佐原の人となった。

「お客さんたちどこからお出でですか?」

おっとりと尋ねられた。柴又帝釈天あたりの話、寅さんの話などを聞かせた。船頭さんも、たいへんに楽しかった、と言ってくれた。

舟をおりて、ぶらぶら、川沿いに歩きながら、我が家にも『こたつ』が欲しいという話になった。

東京下町のマンションの住人ではあるが、一応そこの大家である。設計の時から他の所帯とは別に、和室を一部屋しつらえてある。ところが、今やその六畳間は、息子のパソコン部屋、ゲーム部屋と化し、雑誌、ＣＤ、紙切れ、布団までもがところ狭しと占領する。畳がわずかに見えるだけという有様になっている。

「こたつは駄目ね。あの子がいつか所帯を持つまでは」

「そうだな。まあいいよ。何にしても、今日は楽しかった」

「また来ようね」

二人で自然に腕を組んだ。

そのまま黙って川沿いを歩いているうちに、あれっ、今の『また来ようね』というせりふは、どこかで聞いたことがある、あれれっ、と考える。考えているうちに、はるかに遠い思い出がフラッシュバックしてきた。

忘れもしない、息子が幼稚園児の五歳の時の家族旅行だ。一泊の箱根の旅で、子供には豆リュックをしょわせていた。わが子ながら、紅顔の美少年？　本当に可愛らしかった。まだ、次の子が生まれていない時だ。周囲の愛情を一身に受けてのびのびと過ごし育つ。彼には一点の憂いもなかった。一泊の箱根の旅の途中、夫と私に挟まれた彼は芦ノ湖の遊

覧船に乗った。五月晴れの空、青い湖面と青い風を満喫してやがて桟橋に降り立った。わが子は、感激のあまりか大きな声で、

「お母さん、楽しかったね。また来ようね。きっとだよ」

と叫んだ。

外国の三人連れのグループが私たちの背後に続いていた。その中の体格の良い金髪の婦人が、これまた大きな声で息子を指して言ったものだ。

「オオ、ユーアー、ア、ベリーグッドボーイ、ベリーベリー、グッドボーイ」

周りの人たちがみな、にこにこしながら、ほほえんで息子を見ていた。ゴールデンウィークの中のきらきらした万華鏡のような、かわいい旅の思い出だ。

近頃は反抗したり、憎まれ口をきいたり、なんとなく敬遠したいような息子。思い起こせばあんな絵のような素敵な日も過ごさせてくれたんだなあ。

今は夫と私、三十の息子と下の二十三の娘と、すったもんだのてんやわんやの日々だが、しばらくすれば正真正銘のふたり暮しの夫婦旅になるのだろう。そして歳を重ねて、また違った趣の旅もできることだろう。

かくなる上は、金持ちの爺さん婆さんになって、思い切り未来？　の孫をかわいがって、

できれば贅沢な旅をしてお船に乗せてあげよう。そして、

『おじいちゃん、おばあちゃん、楽しかったね。きっと、また来ようね』

と言わせてやろう。

夫婦の話はそんなところに落ち着いた。

会話はあたたかくても、川沿いのぶらぶら歩きがとても寒くなってきた。自然に寄せ合った身体に互いのぬくもりを感じながら、佐原の旅は終わろうとしていた。

人情は国境を越えて

工藤　矩弘　　千葉県・七十五歳

昭和三十八年、すでに四十七年前のこと、私は弱冠二十七歳の若さで単身ニュージーランドへ技術指導のために出張した。小さなプラントではあるが、その完成から運転、製造、製品の管理までの全責任を任されたので期間は決められず、約三ヶ月程度と予想していた。当時はまだ海外旅行の自由化以前であり、ドルの持ち出しを始め、いろいろな制約があった時代である。

現地に入ったのが八月一日。週休二日制ですでに車社会の先進国であるこの国では、車の免許（ライセンス）を持たないと身動きがとれない。その点はあらかじめ知らされていたので、出かける前に運転の基本的な知識と操作だけは学習していた。

到着後、免許をすぐに取らなければならない。先方の社長のはからいで、わずか数回の実車練習ののち、八月二十日にはライセンスを手にした。

しかし、それまでの二十日間はホテルから出ようにも足がなく、手持ち無沙汰の休日を過ごしていた。ちょうどホテルの真ん前がゴルフ場。若い私はまだゴルフに関心がなかったが、今にして思えば残念である。

その日、八月十八日はちょうど日曜日。

初めての海外で、肉体的にも精神的にも疲れていたのですっかり忘れていたが、その日は私の二十八歳の誕生日であった。

言葉もまだ十分には通じない。さすがの私も壁に向って日本語をしゃべりたくなるほどホームシック気味になっていた。

「また休日《やすみ》か」と思うと、憂鬱な気持になった。起きてもせいぜいホテルの周りを散策するくらいしかないと思いつつ、寝坊を決め込んでいた。

九時を少し回った頃、突然部屋のドアが激しくノックされた。

休みの日のこんな時間に誰が来たのかと訝りながら、パジャマ姿のままドアを開けた。

「♪ハッピー・バースダイ・トゥー・ユー、ハッピー・バースダイ……」

開いたドアの向こうから、二十人を超える大合唱が起こったではないか。さらに籐で編んだ赤ん坊用の「ゆりかご」が部屋の中に投げ込まれたのである。

驚いて、ただ呆然としている私に、皆を代表してホテルのマネージャーが、花束と一枚のカードを手渡した。

「お誕生日、おめでとう！　ホテルのスタッフ一同、心からお祝い申し上げます」

まったく予想もしない出来事に、私は一瞬目頭が熱くなった。ただただ感謝の気持と感激で胸が一杯になった。

手渡されたカードには、五十人を超えるスタッフ一人ひとりがサインして、お祝いの言葉を記してあった。


その感動がまだ覚めやらない昼前のこと、会社の経理を担当しているS氏から電話を受けた。「ドライブに誘いたいので待っているように」と。

私が滞在していた場所は、首都ウェリントンから十マイルほど離れた田舎町。そこからあまり遠くない、美しい海岸線が一望できる「パエカカリキの丘」へ、息子さんと共に案内してもらった。ちょうど渥美半島の突端にある伊良湖岬の有名な浜辺、「恋路ヶ浜」を数倍のスケールにした、雄大な海岸線を一望できる景勝の地である。

その眺望を楽しんだあと、彼のお宅で食事をご馳走になることになった。

そこでまた、私は全く予期しない情景を目にしたのである。

案内されたダイニングルームには、テーブルの中心に二十八本のローソクを立てたバースデイ・ケーキが置かれているではないか。

異国の地において一人で迎える誕生日に対するS氏一家の心遣いに、私は再び大きな感動を覚えたのであった。

遠いニュージーランドでのこの二十八歳の誕生日の出来事は、私の青春の忘れられない「感動の一コマ」である。

この国の人々の国境を越えた人情には、大いに感激し、また深く感謝したのであった。

（註）オーストラリアを含むこのオセアニア地域では、「エイ」を「アイ」と発音するので「バースデイ」は「バースダイ」と聞こえる。

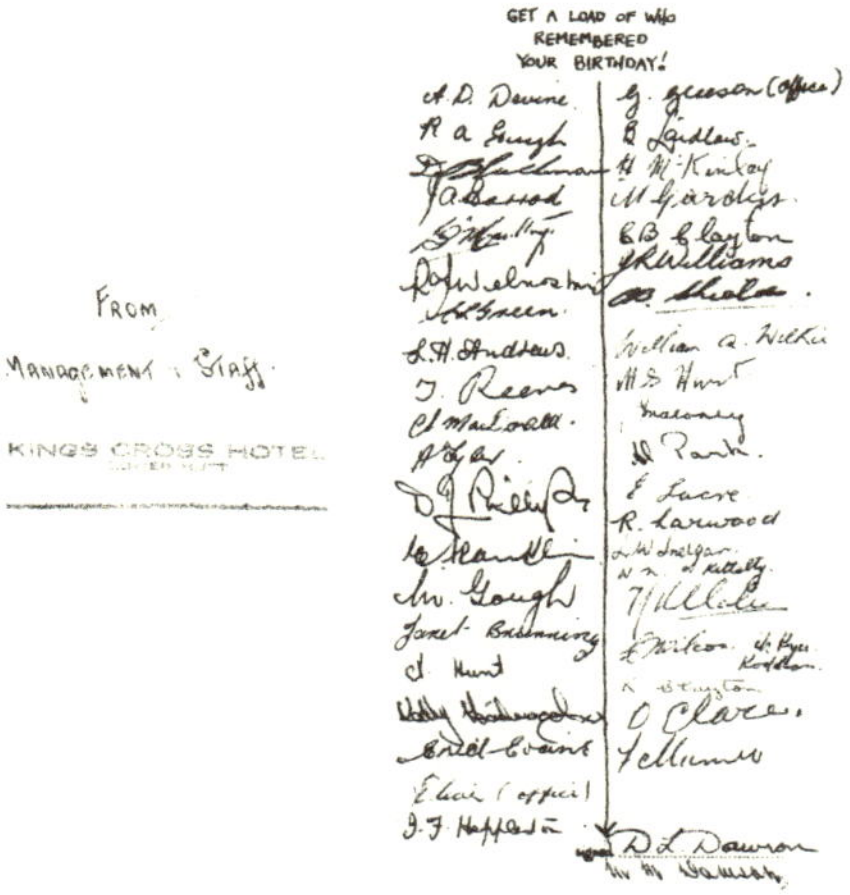

誕生日カードに書かれたホテルスタッフのサイン

パエカカリキにて（S氏と）

旅と男と女と

小田川　豊生　茨城県・七十歳

今年は、甥や姪の結婚式、娘のお産、生家の法事と慶弔事がやたら重なり、趣味にしている山登りが延び延びになっていて、これが今年初めての山歩きとなった。

宮城、岩手、秋田の三県にまたがる栗駒山は、燃え立つ炎のような紅色のウルシやカエデが山肌一面を埋め尽くし、それらが陽の光を受けて天空に敷いた緋の絨毯のようであった。

紅葉を堪能したあと、木立に隠れるように建つ麓の谷間にある鄙びた温泉宿でもらい湯をした。黒ずんだ小さな檜作りの湯船には湯がちろちろと溢れていた。客はなかった。湯船から湯を両の手で掬って、ブルルッと乱暴に顔を洗った。塩味が触れた。その塩味がひどく心地よく、一年分の山への思いが満たされる思いがした。

温泉での至福の一刻が過ぎると、さてそろそろ今夜の宿を決めなければと、日頃の心配性が頭をもたげてきた。今日の宿は、まだ決まっていないのだ。

この種の無計画性は私の好みではない。緻密に計画を立て、それに沿って実行するという私のやり方は、長い会社生活で身につけたものである。時は金なり、が身中深くに沁みついている。しかし、女房殿はこのやり方を嫌う。

「偶然の出会いこそが人生の楽しみよ」

これが女房殿の口癖だ。今回の山登りは、彼女主導で、旅程の計画なしで実行されている。

湯から上がったのは三時に近かった。秋の陽はすでにうすくなりかけている。

「宿探しを急がなくちゃ」

急かす私に、

「そうね」

と、女房殿はあくまで素っ気ない。それでも、

「山麓の宿は、週末の今夜あたりから紅葉客で混むはずだから、海辺か、紅葉時期にはずれた温泉地を探しましょうか」

と、計算だけはしっかりしている。

鳴子温泉郷の中山平口に向けて車を走らせよ、との指示が出た。四時半に着いた。温泉郷入口のドライブインに入ると、女房殿はやおら〈全国公共宿舎ガイド〉と表書きされた本を開いた。しばらく頁を繰っていたが、船員保険保養所と老人休養ホームを探し出し、

「築が新しい老人休養ホームにしよう」

と決めた。決めると女房殿は早い。携帯電話で今夜の空きを確認し、即座に予約した。

玄関前に宿泊客の車は一台もなかった。玄関も静かだ。もしかすると宿泊客は私たちだけ？　不安が一瞬頭をよぎる。そんなに不人気な宿舎なのか、と後悔が頭をもたげた。

まずは湯を使った。ここにも客はなかった。この宿の湯は先ほど入った湯とはまた趣が異なっている。鉄分があるのかやや赤茶けていて、しかも肌がツルツルと滑る。微かに硫黄臭もする。泉源の湯温は九十度と記してあった。熱湯が好きな私には申し分ない湯加減に仕上がっている。湯船の窓からは、遠く近くのあちらこちらから、吹き上がる数本の湯煙が見えている。湯量が豊かなのだ。

「温泉はこうでなけりゃ」

と、気分が大きくなった。

夕食を告げるアナウンスがあって、大広間に出向いて驚いた。館内はひっそりとしていたはずなのに、すでに八十人ほどの人たちが集まっているではないか。よく見ると、七十代、八十代の老人ばかり。正座や胡坐《あぐら》がしにくいのか、座椅子を使っている人が半数近くもいる。これは場違いな所に来た、と戸惑って女房殿を見た。さすがに女房殿も、予想外の出会いだったようで、呆気にとられてポカンとしている。今さらどうすることもできない。ここは元来、老人休養ホームなのだ。全てを素直に受け入れるしかない。

静かな、少しばかり沈んだ食事が終わりかけたとき、前面の小さな舞台に宿の番頭さんが現われ、手持ちの紙切れにある名前を呼び上げ始めた。途端に、静かだった広間の雰囲気が一変した。

カラオケの始まりであった。名指しされた人が次々に壇上に上がり、マイク片手に気持ちよさそうに歌う。上手い人もいれば節が狂っている人もいる。が、そんなことは構っちゃいない。元気なのである。今のいままでの沈みがちな年寄り然とした様子はなんだったのだろうか、と思うばかりの元気さだ。

しばらく経って、壇上に上がるのは女性ばかりだと気がついた。広間には男性も二十人ばかりいる。しかし、だれ一人として舞台に上がる者はいない。女性たちの勢いに気圧されたように黙々として下を向いている。声もない。周りから聞こえるのは、女性の華やいだ声ばかり。とにかく、女性は元気過ぎるくらい賑やかだ。

私の隣の老女が、私の二本目の銚子が空になったのを見て取ると、

「残り物ですが、よろしければどうぞ」

と自分の膳にある銚子を差し出してきた。飲みきれないのだという。ここに集まった女性たちは、酒も煙草もＯＫの全くの自然流。それに比べると、男の淋し気な姿が気になる。侘しすぎる。私の、アンコール、の声に応えて隣の老女が舞台に上がり、

「男性の方、デュエットしましょ」

と言いつつ、〈銀座の恋の物語〉を歌いだした。声も身振りも情感たっぷりである。周りの男性は応じる気配がない。無関心の風でさえある。

すると、一人の小柄な老女が、自分の座布団をくるくると丸めて立ち上がり、赤ん坊を抱くようにそれを胸に抱いて踊り始めた。甘い歌詞に応えて、科《しな》を作って踊る。この余裕、おおらかさ。みんなを楽しませ、自分も楽しむエンターテインメント性に女性の生きる力、逞しさを見せつけられる思いだった。

「母を思い出したわ」

と女房殿が、身を捩って笑い続けていた。何を隠そう、我が女房殿の母君も、この老女に負けず劣らずのエンターテイナーなのである。私は、数年後の私と女房殿の姿を見るようで複雑な気持ちになった。

翌朝ロビーで、昨夜隣り合わせになった老女とすれ違った。お騒がせしましたね、と挨拶を送ってきた。彼女たちは、年に数回の宿舎の呼びかけに応じて、近県各地から集まる老人たちで、療養を兼ねて慰安にやってくるのだという。今夜も泊まりだと言った。私たちは、楽しませてもらった感謝を彼女に伝えて宿を出た。

「今夜も続くのかしらね。でも、男の人は可哀相なくらい元気なしね」

女房殿は昨夜の宴会を思い出して笑い、

「昨夜の偶然の出会いは楽しかったわ。やめられないわね」

と、付け加えた。

私は、そっと助手席の女房殿を盗み見ながら、これからはこの流儀が、我ら夫婦の旅の本流になるに違いあるまい、と確信したのであった。

三つ目小僧、名古屋にあらわる

日原 雄一　東京都・二十歳

名古屋駅地下商店街の味噌カツ屋には、険悪な空気がただよっていた。その発信源は、もちろん私たちのテーブルである。料理はすべて食べ終えて、空になった皿もすでに片づけられているが、どうにも出るに出れない雰囲気だった。

私の右ではリョータが手鏡を片手に、眉間を荒々しくお絞りで拭いている。もう五分ほどこうしているのに、油性のマジックペンで描かれた目玉は一向に消える気配がなかった。

「あのな、そろそろ……」

店はだいぶ空いていたけれど、ここで長居すればあとの予定に支障が出てしまう。そう懸念したのだろう、タケが遠慮がちに切り出した。その顔をリョータがじろりと睨む。

「こうなったのは、そっちのせいだろ？」

へえ、まことにごもっとも、ごもっとも。私はタケとともにうなだれて、リョータの顔にしたイタズラ書きが早く消えるようひたすら祈っている。一年生のトシフミは、コップのお冷やを呆れ顔で飲み続けている。

もともと三人で行動するはずであった。写真部の夏合宿最後の日は、班にわかれて名古屋で自由行動。私はタケとトシフミと、名古屋城や温泉にでも行こうかと計画していた。そこに割り込んできたのがリョータだった。

「うちの班、なんかお金かかるとこばっか行く感じなんですよ。そっち入れてください」

「あ、そう。オッケー」

軽々しく受けあって、あとでタケから怒られてしまった。

「俺とリョータ、同じクラスだけどあんま、話したことないんですよ？　絶対ヤな空気流れますよ」

じゃあこの機会に仲良くなればいいじゃん、なんて言ったものの、果たしてタケの言うとおりになった。もっとも、それ以上に反省すべき点がある。昨日の夜、タケと意味もなく盛り上がって、寝ている人の顔に落書きなど始めなければ……。面白がってわざと注意せず、翌朝、リョータの顔のことには触れるなよと口止めしてまわらなければ……。

うなだれたまま、腕の時計をこっそり覗く。二時二十分。間に合うかどうか絶妙なところだ。

「こんなもんでいいでしょう」

リョータは満足げに前髪をいじると、お絞りをテーブルの上に置いた。

「すまなかったね」

「ごめんな」

二人でもう一度頭を下げる。リョータは苦笑して、後頭部をぽりぽりと掻いた。

「もう、いいですけどね」

眉間にはまだうっすら跡が残っていたが、誰もそれを注意する者はなかった。リョータもわかっていて見切りをつけたのかもしれないし、第一そんなことをしていては間に合わなくなってしまう。次に行くのは名古屋城だけれど、天守閣に入れるのは午後四時までなのだ。城自体も四時半で終了だ。

地下鉄に乗って浅間町駅で降りたらすぐ近く。ネットで調べたらそう載っていた。だが実際に駅に着くと、名古屋城のナの字もない。シャチホコぐらいは見えるかと思っていたのに。「名古屋城まで徒歩三分」「名古屋城はこちら」といった、観光地特有の案内板も出ていない。どうしたらいいものか途方に暮れた。

ビニール袋を抱えたパーマのおばさんを呼び止めて、名古屋城はどこでしょうと尋ねる。

「ああ、名古屋城！　あそこのガソリンスタンドを右に曲がって、まっすぐ行けばすぐよ。わかりにくいんだけどネ」

早口で答えるなり、おばさんは行ってしまった。ありがとうございます、とその後ろ姿に頭を下げる。時刻は三時十五分。このままいけば、なんとか間に合いそうだった。

全員ほくほく顔で歩き出して、言われたとおりの道順を行く。が、行けども行けども城に着かない。

「まだかなあ」

「もう通り過ぎてるとか」

十五分ほど経過して、ようやくなんか変だぞと気づく。目をきょろきょろ動かすと、遠くのビルの下に小さく森が見えた。ただ、そこに行くには、方向を九十度転換せねばならぬのであったが。

「あの森、違うかな？」

「ただのリンゴ畑だったりして」

「なんで名古屋でリンゴを栽培するんだよ」

ワアワア言いながらもとりあえず足を向けた。徐々に、お堀が見えてくる。森の中にお城の建物も現れる。

「あー、やっとついた」

思わず安堵の息を漏らした。けれど、実際にはまったく安堵できる状況ではなかった。左右どちらを向いても、延々とお堀が続くばかり。まさかここを泳いでいけというわけでもあるまいから、どこかにお城への入口があるんだろう。でも、それがどこやら見当もつかない。腕時計の針は三時三十七分を指している。太陽はギラギラと照り、全員汗だくである。

「もう、いいんじゃない?」

リョータがかすれ声で言う。名古屋城に入るには五百円かかるのに、残された時間はあまりに少ない。いっそここは諦めて、次の目的地に向かおうという意味だ。

「うん、止むを得ないね……」

私もうなずいた。自由行動は六時半まで。七時には、名古屋駅のホームに集合していなければならない。遅れたら家に帰れなくなる。ここは、次の目的地に向かうのが無難だった。

タケは不満顔だ。彼は最初から、名古屋城に行くのを楽しみにしていたのだ。

「あーあ。誰かさんが時間とらなきゃなー」

「お前のせいだろッ」

二人の間に火花が飛ぶ。先輩として仲裁に入らねば、と思うが、下手なことを言うと火に油を注ぐ結果になりそうだ。

「次は温泉ですね。楽しみだな！」

トシフミは私の腕をつかむと、前後に大きく振りまわしながら明るい声を出した。一触即発だった場の空気が、一瞬なごんだ。

「そうだね、汗いっぱいかいたもんねー」

私も笑って、トシフミの肩をつかみスキップを始める。が、これはやりすぎだった。

「嬉しそうだな……」

リョータが吐き捨てるように言った。せっかく温まった空気がたちまち凍りつく。温泉に到着するまでの二十分間、四人は終始無言だった。誰かが口を開いても、出てくるのは溜め息のみ。地下鉄に乗り席に座るなり、私は耐え切れず目をつむった。

ざあーっ。ライオンの口から緑色のお湯が流れ出る。

「ひゃあ、すごいですねっ」

見違えるように生き生きとした表情でリョータが言う。湯船からお湯が勢いよく跳ねる。見ると、タケが飛び込んでいたのだった。

「飛び込みは禁止だってば。それに、先に体を洗えよ」

「いいじゃないスか、他に誰もいないし」

平日ということもあり、温泉はガラガラだった。一時はどうなることかと思ったけれど、なんとかこの合宿も無事に終われそうだ。

ほっとして椅子台をとり鏡の前に座り、自分の顔を見て私は目を剥いた。額に、大きな三つめの目玉が存在していた。

「おい、誰だよ、これやったの！」

思わず大声を上げると、「はぁい！」とトシフミが勢いよく手を上げた。

「地下鉄でも、油断しちゃいけないんです」

あははは、と屈託なく笑う。私もついつい頬が緩んでしまう。石鹸とお湯を駆使しても結局この目玉は消せず、三つ目小僧のまま名古屋駅発の列車で帰宅した。

あれからもう五年になる。油性ペンで描かれた目玉もとうに消えた。が、時おりあの三人とは、集まって遊ぶことがある。無論、ポケットにマジックペンを忍ばせて。

はーとtoはーと

みっちぇる　広島県・二十二歳

二〇〇七年八月、一ヶ月間中国内を旅行しました。当時、私は大学二年生で香港へ留学しており、同じく中国アモイと上海へ留学中だった友人と三人で、バックパック旅行をしたのです。雲南省の昆明で三人合流し、そこから北上しながらいろいろな場所を訪れました。チケットを買い間違えて日本人初の場所へたどり着いたり、同じバスに乗った現地の大学生と意気投合し、オールでカラオケに行ったりもしました。中国は、どこへ行っても全てが新鮮でスケールが大きくて、お金がないため結構無茶もしましたが、思い返すと全て良い思い出です。笑えるエピソードは山ほどありますが、思い出深い一つに焦点を当てたいと思います。

それは、旅行も終盤に差しかかろうという八月の末、トルファンに行った時の事です。

敦煌から列車で十時間ほどでしょうか。駅を出ると、そこはアラジンの世界でした。中近東系の顔立ちの美男美女が街を歩き、ちょうど年に一度の葡萄祭りの時期と重なっていたため、非常に賑わっていました。特にバザールから活気のある声が飛び交っていたのを覚えています。

イケメンの客引きのお兄さんに、『地球の歩き方』が勧めてくれる宿泊所まで連れて行っていただきました。道中、彼は旅行会社の方だと熱心に自己紹介をしてくれたので、私達も文無し学生だと熱心に自己紹介をし、私達のために破格の安値でツアーを組んでいただきました。ガイドさんは日本へ留学していたため日本語が堪能で、運転手さんも現地の気さくなおじさんでした。

交河故城、高昌古城、ベゼクリク千仏洞、火焔山などの名勝地へ連れて行っていただきました。また、ガイドさんのご自宅で家庭料理をご馳走になったり、運転手さんの親戚の方のお宅で干葡萄づくりを見せていただいたりもしました（トルファンは中国一の葡萄の産地です）。トルファンは日中考えられないほど日光が照りつけ、土中の水分まで蒸発してしまうようなので、全てが（土も家も）乾燥して赤茶色でした。伝統的なお宅は、屋根が平らでその上に葡萄を干して干葡萄をつくるそうです。お邪魔させていただいたお宅も、屋根の上に倉庫のようなものを設置されていました。干上がった土地と淡黄緑色の瑞々しい葡萄が対照的でした。

夜は砂漠に横になって満天の星空を眺め、近くの民家のわきに置いてあるベッドに横になり、その星空のもとゆっくり寝ました。日本から遠く離れた片田舎で、手を伸ばせば届きそうな星々の下、温かい空気に抱かれて横になっていた、信じられないほど心休まる一時は、きっと一生忘れません。何千年前にも、私達と同じように人々がここで横になって、同じように星を眺めていたのかと思うと、言いようのない感動で胸が震えました。そして、朝、砂漠の奥の地平線から昇る朝日を見て、悠久の歴史に思いを馳せました。数え切れない人々が、さまざまな思いを抱え一生懸命生きてきて、私達が生きる今があり、そして私達がゆえに未来があるのだと感じました。

その感動を胸に、何百年も続いてきた伝統のままに生活されている村へ連れて行っていただきました。幸運な事にちょうど結婚式の日で、村中の人々が外で談笑されていました。中年のおじさんが陽気に民族の歌を歌われていて、友人はムービーを撮る振りをしてその声を録音していました。それが村の雰囲気とあまりにも対照的で、思い返しても笑ってしまいます。花嫁さんは見られませんでしたが、花婿さんは民族衣装に身を包み、幸せそうに歩いてらっしゃいました。それを見て、私達まで幸せな気持ちになりました。未来は広がっていると感じました。

短いツアーでしたが、リアルな現地の方々の呼吸を感じる事ができました。子供達の愛くるしい笑い声や、年配の方々の温かい眼差し、同年代の方々の友好的な態度——心が潤されました。

言葉はほとんど通じませんでしたが、心は通い合っていたと感じています。普段、無意識のうちにつくってしまう見栄や建前といった壁も、そこではつくれません。言葉が通じない以上、等身大でぶつかるしかないからです。そして、彼らは等身大の私達を受け入れ、同じようにありのままでぶつかってくれました。だからこそ、ありのままの自分に自信が持て、心が満たされたのだと思います。彼らは私達の事を好いてくれ、私達も彼らの事が好きでした。これは非常に貴重で、何にも代えられない経験でした。このような旅ができた事は幸運としか言いようがありません。

非常に無鉄砲で命知らずな事をしているように聞こえるのが、書いていて自分でも分かります。しかし、行く先々で出会った方々の善意と好意によって私達は助けられました。もちろん高くつく事もたまにはありましたけれど。しかし、どこに行っても人間は同じ人間で、同じように食べて寝て、喜んで怒って哀しんで楽しんで、何も変わらないな、と感じました。ゆえに、何も恐れる事はありません。

この経験が私達三人の人生を、よりスケールの大きなものへと広げてくれました。私達は三人とも帰国後、就職活動をしました。かなり頑張りました。私は、自分に合う会社を探し求めて二百社受けましたた。しかし、決して自分をごまかしませんでした。私達は何を言われようと、ありのままの自分を愛する事ができます。

一人は、某宗教法人の職員になりました。一人は、どうしても叶えたい夢があるため、あえてもう一年大学へ通う道を選び、そして見事、その夢を成就させました。そして私はもうすぐ、オーストラリアへ武者修行に行きます。三人とも、まさかこのような進路になるとは夢にも思っていませんでした。東京でなり、地元でなり企業に就職して、そのうち結婚するのだろうなぁと、漠然と思っていました。しかし、これが自らの心が求めている道なのです。自らの責任で選んだ道であり、自らの心が開いた人生です。そこに後悔は一ミクロもありません。反省は多々ありますが（笑）。

これもひとえに両親をはじめ周囲の方々が理解して支えてくれるお陰で、より容易に自らの心に従う事ができます。この恩に報いるためにも、精一杯粉骨砕身していきます。

トルファンへ行く事は、もう一生ないかもしれません。しかし、そこで出会った方々との思い出や、現地で得た感触は私の心の中にずっと存在し続け、苦しい時辛い時に、私の心を温めてくれるでしょう。そして、楽しい時幸せを感じる時、その心をより滋味にあふれるものへと昇華してくれるに違いありません。

旅は人との出会い

三好 正英　兵庫県・六十一歳

旅はいくつになっても楽しいものである。自然景観や名所旧跡、山海の珍味も魅力だが、私にはそこで生活している人々の暮らしを見るのが刺激的である。

海外へ出かけても都会は近代的な高層ビルが立ち並んでいるが、少し歩くと下町の家並みが続く。言葉はわからなくても生活ぶりがその動きの中に十分感じ取れる。特にアジアの国々では、われわれが子供の時見かけた街並みや家屋、店舗が見られ、タイムスリップしてきたかの感がある。マラッカでひとり路地に入る。焼き鳥屋の屋台があり、駄菓子屋もある。子供たちが群がっている。店のおばあさんに「どれがよく売れているの」と尋ねると、指差したのは子供の頃よく食べた懐かしい飴だった。

世界をリードするニューヨークのマンハッタンでもブロードウエイのようなところもあ

る一方で、夜の歩道でバケツの底を手でたたく黒人のリズム感の素晴らしさには驚かされた。「プロのミュージシャンか」と尋ねると、「好きでやっているだけさ。あんたもやってみるか」とにやりと笑った。著名なミュージカルよりも印象に残っているから不思議である。

そのニューヨーク出張の最終日、恥ずかしいことにフロントの貴重品箱の鍵をどこかに置き忘れてしまった。フロント主任に助けを求めると、「スペアは作っていない。カギを壊すのには三百ドルかかる。それより部屋をもう一度捜してみたらどうか」という返事である。

「部屋中捜してみたがなかった。お金を払うので開けてほしい」と頼むと「いいから部屋へ行こう」と、私の部屋へ行くことになった。彼が私のカバンを開けてさかさまにすると、なんと鍵が目の前にあらわれたのだ。シドニー・ポワチエそっくりの彼は言った。「あなたは英語がうまいが、多分頭の中は知識でいっぱいで鍵の入る場所がなかったのだろう」と、真面目な顔で私を非難することなく部屋を出て行った。そのときの鍵の落ちる「ポトリ」という音を今でも鮮明に記憶している。このような何気ないエピソードほど思い出に残るものである。

お土産は観光客用のショップでなく、その地のスーパーマーケットで買うのである。地元の人が日常で使ったり食べたりするものを買う。生活のにおいのする土産となる。

国内旅行でも、観光地巡りの隙間を狙っての、土地の人との会話が楽しい。ガイドブックにない生活者としての話が聞ける。また民俗学者の柳田國男氏が「地域差は時代差である」というように、郡部では都会では消えてしまった懐かしい風景や習慣を垣間見ることができ、そこで交わす会話も心がいやされるものである。

さて、現地の人とのこういった行き来も楽しいが、同時にツアーで同行した人たちとの会話もはずむ。旅先の気安さからすぐ親しくなり、人生経験について包み隠さずしゃべってしまうこともしばしばである。

旅は人生に思い出を作ってくれる。初めて見る景色やご馳走も魅力だが、旅先で人々と交わした会話こそが忘れがたい記憶として残っている。私にとって人との出会いこそ旅の最大の喜びである。

東京ヒッチハイク

山田　和彦　　愛知県・六十三歳

昭和三十九年、この年は東京オリンピックが開催され、私は高校三年の秋を過ごしていた。

新幹線や高速道路も次々に開通し、まさにオリンピックは高度成長の足がかりとなる期待を担っていた。

当時、我々同級生の間では、運送会社のトラックに便乗させてもらい、ヒッチハイクとか、無銭旅行なるものが流行っていて、どこまで行ったとか、旅先での出来事を教室の中で競うように語り合っていた。

電車やバスとか公共の乗り物をいっさい使わないというのが、暗黙の約束ごとで、交差点で信号待ちする長距離トラックに突進し、運転手に頼み込んで乗せてもらっていた。

「よし、乗れ」

一度で承諾される事もあったが、○○通運や○○運輸のように大手の運送会社は「乗務員以外は規則で乗せられんのや。すまんな」と言われることが多かった。

オリンピックも終盤に差しかかったある日、中学以来の友人、中田《なかた》とこんな会話を交わしていた。

「オリンピック見に行かないか?」

「そりゃ、行きたいけど、金もないし入場券が今からでは手に入らないよ」

「入場券なしで見られる競技あるじゃないか。マラソンだよ」

「そうだな。道路で見るだけなら無料《ただ》だからな」

「よし! 決まりだ、今夜出かけるぞ。マラソンは明日だ」

私も中田もヒッチハイクでの東京行きは初めてだった。二人ともすでに就職先も決まり、授業が終わるまで「憧れの東京」に夢を馳せていた。

家に帰り早速小さなリュックに、長野の親戚から送られてきたリンゴを詰め込み、家を出たのは夜の十時頃だった。

市内で最も大きな交差点で待ち合わせしていた中田は、わずかに緊張の面持ちで私を待っていた。

しばらく大型トラックを物色したあと、運よく東京方面に向かうトラックに乗せてもらえることができた。

「お前ら、東京に何しに行くんだ？」

「はい。オリンピック見に行くんです」

「その格好で東京か？」

二人共部活のジャージ姿だった。

「品川までしか行かないぞ、いいんだな。それと、着くまで眠るなよ。隣でウトウトされると俺まで眠くなる」

我々を乗せたトラックは、深夜の国道一号線を一路品川に向かってひた走った。

途中、静岡辺りのドライブインで休憩をとり、座席の後ろの簡易ベッドで休息していた運転手と交代しまた走り出したが、数分後には睡魔に襲われ必死に眠気を我慢していた。

時の経つのは早く、いつしか東の空が白々と明けてきた。

「ここで降りてくれや。その角を右に曲がってしばらく歩けば国鉄（現ＪＲ）品川駅だから、気をつけて行けよ」

私達はトラックが見えなくなるまで見送った。次第に明るくなっていく空の下、東京まで来たという実感はわかなかった。

「腹、減ったな。温かいラーメンでも食いてーな」

「そういえば、中学時代同じクラスの稔《みのる》が代々木公園近くで中華料理店に就職したよな」

中田は私より遥かに頭も良く用意周到だった。リュックの中から東京都内の地図と、中学卒業時に配られたクラス全員の就職先も記された卒業アルバムを取り出した。

小型トラックを数台乗り継いで、国立競技場近くにたどり着いたのはすでに正午を過ぎていた。近くの交番を尋ね、店の場所はすぐわかったが、東京の中華料理店と聞いていたので、私達は店の前でしばらく入るのを躊躇した。

目の前にある店は私が抱いていたイメージとはほど遠い、小さなラーメン屋だったからだ。

きしむ音のする戸を開け店に入ると、薄汚れた前かけ姿の稔がすぐわかった。

「稔、俺だよ。わかるか？」

稔は「まさか」といった顔で目を丸くし、私達を見つめた。ラーメンを注文すると、会話もなくガツガツとラーメンをすすった。稔も私達と話をする暇もなく、しきりに手を動かしていた。

「大将、俺の田舎の同級生です」

ラーメン屋の主人は私達を一瞥すると、二、三度うなずき「いらっしゃい」と入店して来た常連らしい客に声をかけた。あまりの無愛想に少々がっかりしながら店を出た。外に出ると稔が店の裏から駆けて来た。

「オリンピック見に来たのか？」

「ああ、そうだよ。ゆっくり話もできなかったけど、稔、頑張れよ」

懐かしさがこみ上げて来たのか、稔の目に薄らと涙がにじんでいた。

店から三十分ほど歩くと、すでにマラソンコースの沿道では人だかりができ、ランナー達を待っていた。歓声が近づくにつれ人垣が揺れた。

トップを走るエチオピアのアベベが無表情で一瞬のうちに通り過ぎ、少し離れて、二位を走っていた日本の円谷《つぶらや》幸吉《こうきち》が必死の形相で通過していった。

「裸足のアベベって聞いていたけど、靴は履いていたよな」

どうやら中田はアベベの足に注目していたようだ。ランナーが全て通過すると、応援の人々も次第にどこかに散って行った。

「さて、これからどうする？　せっかくだから東京見物でもするか」

私達は路面電車を見つけると、行き先も確認せず飛び乗った。学校帰りの女子高生が、私達のジャージ姿を見てクスクスと笑った。

「ほい。この市電どこまで行くだん？」

私は二十歳前後の若い車掌に、三河弁丸出しで行き先を尋ねてみた。

「○○行きです。ああ、それからこれは市電じゃなく都電ですよ」

車掌の「都電ですよ」という言い方は、私達が田舎者であることを見下しているように聞こえた。

窓の外を見ると所々にネオンが点灯し、ビルの谷間からは、初めて見る実物の東京タワーが、周辺のビルを従えるようにそびえていた。

その後、私達は港も見て帰りたいということで、小型トラックに乗せてもらい横浜に向かった。

「港はすぐそこだよ」と言われてトラックを降り、倉庫街をしばらく歩いた。暗がりの中に大きなビルが立ちはだかっていたが、よく見ると岸壁に停泊中のコンテナ船だった。

「誰もいないようだから上ってみるか？」

「ヤバイよ。見つかったらただじゃすまんぞ、俺は絶対行かない」

だが、中田は結局私の言った「百万ドルの夜景」の誘惑に負け、タラップを上って行った。

「百万ドルの夜景は熱海じゃなかったか？」

中田がボソッとつぶやいたが、横浜港の夜景の美しさに我を忘れていた。

私達は甲板に寝転がり、ここが船上だということも忘れ、いつしか疲れから眠ってしまった。

突然、寝ている私達の頭上をガヤガヤと英語が飛び交い、驚いて飛び起きると、三人の黒人が私達を指差し怒鳴っている。

「アイ、アム、ハイスクール！　ハイスクール」

私達も必死で訳のわからない英語で答えた。すると一人の黒人が「降りろ！」と言わんばかりにタラップを指差し、私達は眠気も吹っ飛び転がるようにタラップを駆け下りた。

さらに驚くことに、今下りたばかりのタラップが甲板へせり上がり、出航の準備をしているではないか。

「このまま見つからずに出航していたら、大変なことになっていたな」

二人はしばらく言葉もなく互いの顔を見つめ、私は最後に残っていたリュックのリンゴをひと口かじったあと、中田に手渡した。

「そろそろ、帰ろうか」

私達は、甘酸っぱいリンゴを交互にほおばりながら港をあとにし、トラックの行き交う国道まで歩いて行った。


あれから四十六年、無鉄砲な高校時代を過ごしていた私も、あれこれ乗り換え旅するヒッチハイクとは裏腹に、自動車会社一筋に定年を迎えた。

同行した中田は、町外れの小さな電器屋で家電量販店に押されながらも、息子と元気に商売をしている。

東京のラーメン屋に就職した稔はといえば、その後独立し、社長となって次々に支店を出し、クラスでも出世頭と言われた。だが数年前の同窓会の折、往復ハガキの返信欄に、奥さんだろうか「一年前病気で亡くなった」と一言記されていた。

ヒッチハイクで出かけた東京オリンピックも一つの旅ではあるが、人生そのものを旅と考えれば、ほんの旅の一こまにすぎない。

私の旅はまだ続く。だが時にふと走馬灯のように記憶がよみがえり、当時を思い出しては、昔を懐かしんでいる。

一人旅が終わる日のこと

照井　良彦　岩手県・六十八歳

二十代の頃の私は冬の季節を迎えると、何もかもが手につかず、それでよく一人旅に出た。

行き先は北陸のいつもの宿だ。宿に上がると眼下に広がる海をぼんやり眺めながら時間を過ごす。やがて夕食となり、出された一杯のお酒に酔って眠る。しかし普段から眠りの浅い私は、旅に出ても決まって夜中に目を覚ます。

それにしても真夜中の海鳴りはよく響く。

その情景を確かめようと、いつものとおり浜辺に下りる。海底から湧き上がる重々しい唸り。真っ暗な遙か向こうから一本の線となった白い波が、膨らみを増しながら、怒涛となって次から次へと押し寄せる。

悠久の昔から変わらぬ自然の力強い営み。

それは自分の存在のあまりにも小さいことの確認でもある。

来年もまたこの浜にやって来るのだろうと思いながらも、心は満たされて旅は終わる。

それは要領が悪く、都会生活に馴染めなかった自分探しの旅だった。

そんな旅も、偶然あの人に出会って終わりを告げた。それは旅から戻る電車の中のことだった。私の前の席に座ったあの人は、私の顔をよくよく眺めながら「亡くなった自分の弟にそっくりね」と言われたのだった。

この時私は、こんな優しそうな人が私の本当の姉さんであったらと想像するだけで、不謹慎にも嬉しい気持になるのだった。

それから一年後、私達は出雲の神に誓いを立てた。四十年ほど前のことである。

尻もち旅行

谷口　ゆみ子　　兵庫県・四十四歳

「もう一緒に行けないかもしれないから」

結婚を前にした友達は言った。女三人、独身時代最後の旅行の計画である。どこへ行きたいかと訊くと、「高山」。まだ行ったことのない所だ。ちゃっかり学割切符を利用し、ツアーに参加するのではなく、地図を頼りの三人旅。ガイドが得意の結婚前の友達、一緒に地図を見て考える私。「私、お任せばかりなのーっ」と、のほほんとあとからついてくるもう一人。

「あらー、ここどこかしらーっ⁉」

の、おめでたい声を背に、二人で「ここはねえ、……」と説明しながら歩く飛騨高山の町並み。思わず息をのむ美しさの合掌造り。雪に囲まれた家並み。銀世界を歩くとサクサク音がする。こんなにたくさんの雪を見たのは初めてだ。滑って転びそうになりながらも、無事に乾いた道へ。家の軒からつるされた大きなぼんぼりのようなもの。これが酒蔵の印だという。日本酒のきき酒をさせてもらい、記念に小さなおちょこをもらった。さすが本場の酒とあって、とても美味。結婚する友達はお土産に一本買っていた。もうすぐ夫になる人と一緒に飲むことを夢見ていたのだろうか。

一日目はいろんな建物を見て回り終わった。ホテルで三人、ワイワイと地元の料理に舌鼓をうち、温泉に入り、丹前を着ては、「お泊まり気分」、「上げ膳据え膳」。三人で甘える最後の夜を楽しんだ。

翌朝は早起きして「朝市」へ。昨日に続き雪道をサクサク踏みしめ歩く。朝市の人達の元気な声につられて、あちこち覗く。なぜか「おばさん」や「おばあさん」が多い。雪焼けのせいなのか、色黒。寒さのせいなのか、皆さんの顔も手もしわくちゃだが、それがまた、たくましい。とれたて野菜や干物の数々を見て回る。何か記念になるものはないかと探し回るうちに、珍しく陶器の店を発見。見ていると三個で千円の湯呑みが。

「三人で一個ずつわけようよ」

誰からとなく言い出し、買うと、店の人は一個ずつ新聞紙で包んでくれた。

「これ、いい記念になるねえ」

と言い合っているうちに、私がスッテンコロリン!! よく見ると、私だけ靴の裏側に滑り止めがついていない。それからホテルへ戻るまで、何度か転び、雪道をソロソロ歩いた。転んでも背中にリュックを背負っていて、それがクッションになるので、あまり痛くなかった。ちょっと恥ずかしかったが、記念の湯呑みだけは守らねばと思い、転んでも手から離さなかった。リュックに守ってもらいながらお尻からスッテンコロリン。

「寒いねえ」

と言いながらも私はジーパン、手袋なし。他の二人はタイツを何枚も重ねてはき、もちろん手袋もはめている。

「手袋しないのー⁉」

「ジーパンの下、何もはいてないなんて信じられない!!」

と驚かれたが、私は普段から薄着。二人ともア然としていた。

雪の中、昼ご飯に入った店はうどん屋さん。温まりながら三人でワイワイ話していると、一人でやっているらしい御主人が、

「どこから来たの？ 俺も話に交ぜて!!」

と話しかけてくれ、四人でワイワイ。私達は確か二十七歳ぐらいだったろうか。店を出ると、

「私達、女子大生に見えたかもよーっ!!」

とおめでたい三人。私は再び転ばないように気をつけながら、冷や汗もの。いろんなお土産屋さんを見て回り、寒くなって今度は喫茶店へ。凍りそうな手を温めながらホットコーヒーを一杯。今度の店はおばさんがやっていて、話しかけてこない。でも、寒さにかじかむ手で飲むコーヒーは心温まる美味。

無事に雪道、銀世界をあとにし、帰りの途へ。

「旅行って何もしなくてもお腹すくのよねーっ!!」

と、記念に駅弁の栗おこわを買い、三人ともペロッとたいらげた。

私にとっては尻もちと格闘の二日間。何度転んだだろうか。でも、今となってはそれも面白おかしい思い出である。三人でわけた湯呑みは、ずっと続く友情の証。そしてやはりその旅行は、三人にとって独身最後の旅行となった。

今は私を除く二人は立派なお母さんである。年賀状やメールの付きあいのみになってしまったが、いつかまた三人で集まることを夢見ている。その時にはきっと、あの高山の銀

世界を思い出せるに違いない。私の尻もちも、いい笑いのタネになれば幸福である。

冒険野郎・ファッションさん

タック　兵庫県・三十七歳

数年前、四国で出会った男の話。

僕は、あるキャンプ場で三日間を過ごしていた。そして三日目の夕刻、彼は現れたのである。

男は三十七歳で新潟から来たという。僕はバイク旅だったが彼はバスで来たようだ。上州屋の袋を持っているが、釣りでもするのだろうか。

その夜、話をしていると男は言った。

「明日から川を下る」

そう、ここはカヌーのメッカ四万十川。

全国各地から清流を求め、カヌーイストが下りに来るのだ。彼もその一人だろう。おそらく、レンタルカヌーでも借りるのだ。

翌朝目覚めると男の姿はなかった。河原で準備しているようだ。河原へ様子を見に行くと、そこにあったのはカヌーではなくカラフルなビニールボートであった。紛れもなく子供用のあれだ。

男は汗を流しながらボートを膨らませる。

シュッシュッシュ、黄色の足踏みポンプがリズミカルに音を奏でる。

ボートが膨らむにつれ、ある文字が浮かびあがった。

「Fashion 200」

ファッションさん誕生である！

ボートを膨らませ終えるとバックパックから黄色のオールを引き抜き、上州屋の袋からは磯釣り用ライフジャケットを取り出した。すでに彼の額には競泳用ゴーグルがセットされ泳ぐ気配さえ漂わせている。

僕はもう笑いそうだ。


だが、彼にはキャンプ道具一式という大荷物がある。はたしてどうするのか？

振り返ると、彼はキャンプ道具の入ったバックパックを上州屋のビニール袋に詰めだした。物理的に無理があるのだが、彼なら入れられるかもしれない。

なぜビニール袋に入れるのか聞いてみると防水のためだという……積むつもりだ。


さあ、出発。

だが百メートルほど下流に瀬がある。

瀬の先からのスタートを勧めると「瀬の手前でいったん上陸するよ」と余裕の笑顔で出発した。


しかし、流れに乗ったファッション丸は言う事を聞いてくれなかった。

ファッション丸は必死でもがく三十七歳のオッサンを乗せ、まっすぐ瀬に突入し、白波の中へ消えていく……。

僕は走った……幸せな気分で走った。
ファッション丸は瀬の先で上陸している。
無事なようだ。
全身ずぶ濡れのファッションさん……。
防水されていなかったバックパック……。
最高だ。

彼はもうやめたいと思った。だが百メートルでは川旅とはいえまい。
新潟に妻と息子を残して来ているのだ。彼は再出発した。
だが、二百メートル先に大きな瀬がある事を彼は知らない……。

彼の川旅は三百メートルで終わった。

翌日、僕は二十キロメートルほど下流の河原でキャンプをしていた。

そこで会った旅人達とファッションさんの話で盛り上がる。

話をしている最中も何艇ものカヌーが通り過ぎていく。

さすがはカヌーのメッカである。上流を見るとまた一艇下って来る。

だが他のカヌーと様子が違う。

カヌーは前を向きパドルで漕ぐのだが、そのカヌーイストは背中を向けている。

しかもあれはオールのようだ。


「オール⁉」


しかも黄色い！

奴だ……ファッションさんだ！

彼の川旅は終わっていなかったのだ！

黄色いオールがパタパタと上下し、オッサンの背中が近づく。そして、上陸した興奮気味のオッサン、いや、冒険家は開口一番こう言った。

「やればできんだよ！」

彼の魂の叫びは谷間に木霊《こだま》し、彼の川旅は幕を閉じたのだった。

その後、話を聞くと急流個所は回避し流れの穏やかな場所から再出発したらしい。
その夜はファッションさんも交え、大いに盛り上がった。

彼は小学生の息子との確執に悩んでいた。
妻にどこかへ行ってこいと言われた。
「だが新潟の女は最高だ」と、なぜか上機嫌で話してくれた。

翌日、僕は九州に向かう事にした。他の仲間達も各自散らばっていく。
バイクの者、自転車の者とさまざまだ。沈下橋の上で握手を交わし、皆出発していく。
ファッションさんも意気揚々と出発していった。
だが、ファッションさん、今日は日曜日……バスはないのですよ。

エジプトの「想定外」から学ぶ

須賀　藍子　東京都・二十三歳

旅の思い出は、たいてい楽しい思い出として記憶にインプットされる。嫌なことがあっても、だいたいそれは自動的に排除され、美しい景色、美味しい食べ物などの、あらゆる記憶を思い起こしては、「ああ、いい旅だったなあ」と感慨にふける。

昨年末に行ってきたエジプト旅行も、今となっては最高の思い出である。現地に住んでいる友人のおかげで、美味しいエジプト料理をたらふく食べ、荘厳なモスクにただただ圧倒され、ラクダに（のんびり、とはいえないほど乗り心地は悪かったが）ゆられながらピラミッドを眺めてきた。どれもエジプトらしい魅力的な経験だった。

しかし、私にとって想定外だったエジプトの一面を見られたのもまた、旅の大きな醍醐味である。そして、それは決して「楽しい」部類に入る思い出ではない。それでも、その想定外の経験は、四ヶ月以上経った今でも記憶から排除されることなく、私のエジプトのイメージを一新させてくれた貴重な思い出としてまざまざと蘇ってくる。よくも悪くも、このネガティブな経験によって私はカイロには住めないと確信できたくらいだ。

一つ目は、交通の劣悪さ。どの車もとにかく先を争い、カーチェイス状態。おかげでクラクションは、本当に危ない時に鳴らすのではなく、接近しようとする車への合図となっていて、街中が耳をつんざくような音であふれている。スピード制限なし、横断歩道なし。道路を渡る時は恐ろしくて本当に泣きたくなる。空気は砂漠による砂埃だけでなく、交通量が多いため排気ガスもひどく、いつもなんとなくよどんでいた。

二つ目は、値段交渉の途方もなさ。例えば、タクシーなどのサービスや、マーケットの品物には定価がないため、常に交渉を要した。たいてい現地の友人に任せていたが、これがまた時間がかかるのだ。本当に値段のことしか話していないのか疑いたくなるくらい、延々と喋る、まくしたてる、議論する。ただ、決してけんかをしているのではなく、まるで昔からの友達が真剣に話し合っているかのようだった。こっちとしては何もできないゆえにうんざりもしたけれど、その初対面同士の不思議な親密さは、何度傍観しても新鮮だった。友人は友人で、だいたいの相場を知っているため、希望の値段に下げてもらうまでしつこくねばり、相手はさまざまな言い訳やオプションをつけてなんとか値を保とうとする。とはいえ、それこそがエジプト人の日常でありまた自負なのだろう、と長時間の議論のあとでも毅然としている彼女を見て感じた。

と、なんだか不満ばかりの旅のようだが、こういった面まで知ることができなければ本当の旅とはいえない。どんな国でも、いい面もあれば悪い面もある。

ただ、むやみに悪い面を否定してばかりもいられない。交通状態は否定するしかないけれど、エジプト人の交渉にはうんざりしながらも、はたと考えた。翻《ひるがえ》って日本の場合は、むしろ他人とのコミュニケーションが希薄すぎるのではないか、と日本人の対人関係のほうに危機感を覚える。なんでも値段が決まっていて、カード一枚で支払えるシステムも増えてきて、便利な反面、それによって私たちはどれだけ他人と接し、会話する機会を失ってしまったのだろうか。エジプト人は、見ず知らずの人にでも気兼ねなく話しかける。彼らを見ていると、双方の同胞意識を肌で感じる。はたして日本人は、他人にも「同胞」という意識を持っているのだろうか。そう思うと、手放しでエジプトの国民性を否定することはできなくなる。

トニーの生ハム

愛媛　九里虎　大阪府・二十四歳

旅……。なんと魅力的な響きであろうか。

見た事のない土地に美しい景色、知らない人々。

旅は自分を見つめさせ、生きている喜びを実感させてくれる。これは近場であろうが、遠い海外であろうが関係ない。

人が旅に憧れ、旅に出かける理由はコレではないかと僕は思っている。

一言では片付けられない旅の魅力の一つは、間違いなく「食事」だろう。

食べ慣れていない味付けや、珍しい食材。

お腹だけでなく、心を満たしてしまう旅飯の思い出は、皆さんも数多くある事だと思う。

日本各地の旅飯も十分な感動を与えてくれるが、海外で……となると破壊力が格段に変わってくるのは御存知だろうか?

意味がわからない単語が並んだ店のメニュー。不気味なほどカラフルなお菓子や、飲料のパッケージ……。買う前、食べる前から心を満たしてくれ、食べたあとも倍以上の満腹感と、幸福感で満たしてくれる。

もちろん、興味本意で食べてみた物が激マズ……、といった博打的なお楽しみもご愛嬌。全米どころか、世界中が泣いたー。そんなドラマチックな旅飯との出会いが、海外では至る処で待ち受けているのである……!

僕も数年前に行ったパリで、ドラマチックな旅飯との出会いがあった。

専門学校を卒業する年、学年全体が研修旅行としてフランス・パリへ行った時の話。

ラ・デフォンス駅近くのホテルに泊まっていた僕達は毎晩酒を飲み、酔っ払っていた。その酒やらツマミやらを近所の小さな商店に買いに行っていた。

トニーという陽気なおっちゃんが営むその店で、拙いフランス語で挨拶しては毎日同じ品物を買っていた。

ワインが飲めなかった僕は、ハイネケンというビールを初めて飲んだ。日本のビールに舌が慣れてしまっていた僕にはいくぶん飲みやすかったが、パリで大量に飲んだため、今ハイネケンを飲むとパリを思い出す大好きな味になってしまっている。

そして、ツマミにカラフルな商品が並ぶ棚から、スナック菓子を買っていた。

海外のお菓子というのは日本と違い、いかにも体に悪そうな感じがして大変よろしい。パリで海外のスナック菓子を食べながら、ハイネケンを飲む……。これだけで十分酔っ払っていたように思えた。

そしてトニーの店には僕達を虜にした商品があった。

それは生ハムである。

お手頃な値段で買えた生ハムは、値段の割に恐ろしく美味だったのだ……！

パンチの効いた塩味に、しっとりした脂。そしてがっつりと厚切り……。

まさに、羊の皮を被った狼的ツマミである。

なくなったら再び買いに行き、あるだけ全て買い占めるといった、まさに「生ハムジャンキー」と僕達は化していた。

ドラマチックな旅飯はカフェで食べたフレンチトーストでもなく、ルーブル美術館前の広場で食べたサンドウィッチとコーラでもなく、ましてやモン・サン・ミッシェルで食べたオムレツでもなかった。

こんなに身近な、そして安い物だったのだ。

生涯この先、あれより美味しい生ハムはないであろう。

キング・オブ・トニーの生ハム。

またいつの日か仲間とパリへ出かけては、トニーの生ハムでハイネケンを飲みたい……。

そんな事を思いながら、僕は今日も日本のビールで酔っ払っている。

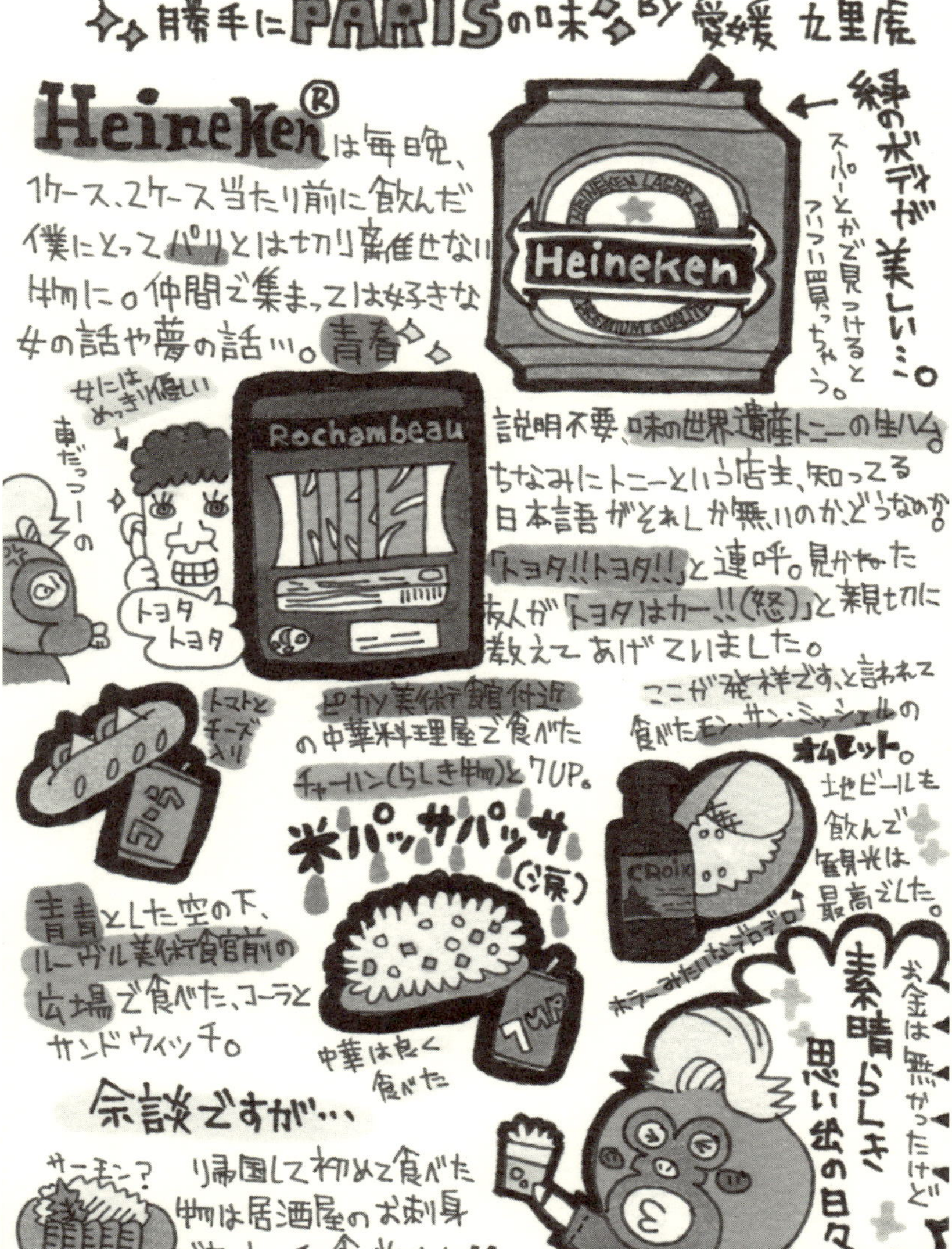
勝手にPARISの味 By 愛媛 九里虎
Heineken® は毎晩、1ケース、2ケース当たり前に飲んだ僕にとってパリとは切り離せない物に。仲間で集まっては好きな女の話や夢の話…。青春
Heineken
HEINEKEN LAGER BEER
PREMIUM QUALITY
緑のボディが美しい…。
スーパーとかで見つけるとついつい買っちゃう。
女にはめっきり優しい
車だっつーの
トヨタ トヨタ
Rochambeau
説明不要、味の世界遺産トニーの生ハム。ちなみにトニーという店主、知ってる日本語がそれしか無いのかどうなのか。「トヨタ!!トヨタ!!」と連呼。見かねた友人が「トヨタはカー!!(怒)」と親切に教えてあげていました。
トマトとチーズ入り
ピカソ美術館付近の中華料理屋で食べたチャーハン(らしき物)と7UP。
米パッサパッサ(涙)
7UP
中華は良く食べた
ここが有名です、と言われて食べたモン・サン・ミッシェルのオムレット。
地ビールも飲んで観光は最高でした。
CROIX
ホラーみたいなデロデロ
青青とした空の下、ルーヴル美術館前の広場で食べた、コーラとサンドウィッチ。
お金は無かったけど素晴らしき思い出の日々
余談ですが…
サーモン?
帰国して初めて食べた物は居酒屋のお刺身であった。和食、美味し!!

奇跡がおきた故郷の旅

畠山　佳三　　神奈川県・七十五歳

昨年九月の初め北海道の東端、根室から戦時中疎開した山部（現・富良野市）を中心に夫婦で旅した時の出来事だ。戦後初めて訪問する生まれ故郷の根室がどんなに変貌しているか、楽しみでもあり、妻も初めての訪問だった。

羽田から早朝の飛行機に乗り、釧路に予定どおり着陸した。バスで釧路駅まで市内を巡って到着。本日の天候曇り、雨の心配なし。駅の中は土産物や弁当店、食堂が乗降客で賑わっていた。

弁当を買って、根室行きの快速に乗る。車窓から移り変わる景色を見ながら、弁当をひろげる。

厚岸辺りから、凪の海が拓けて、美しい景色が目に飛び込んできた。

「綺麗な景色だね」と、妻が感激したように窓に顔を近づけて言う。

「昔この辺りの海岸で、取ってきた鯨を解体しておったが、血を流すため昆布が育たなくなって。取るのをやめてから昆布の生産地として今も続いている。それより牡蠣の養殖が盛んで、かなり名が通っているんだよ」

厚岸を過ぎた辺りから冬の家畜の飼料として、大きくて円い形をした干牧草の束があちらこちらに転がっているのが続いて見える。

「気がついたと思うけど、大きな木がないでしょう」

「そう言われればないよね」

「根室地方は、夏でも内地ほど気温が高くなく、期間も長くないので灌木が多いんだよ。昔から気候にあったのが酪農だったんだね」

「昔は釧路から根室まで普通で四時間もかかったんだけど。ずいぶん便利になったもんだ」

発ってから二時間ほどで根室に到着。駅前には、蟹を売る店が何軒も並んでいて、ねじり鉢巻をしたおじさんが威勢よく、降りてきた人達を呼び込んでいた。

「とりあえず生まれた所へ行ってみよう」と歩き出した。

いくらも歩かないうちに広い長い道路に差しかかった。

「この道路は、緊急時飛行機が着陸できるように造ったんだよ」

「このくらい長くて広いと、小さい飛行機なら充分着陸できそうだね」

「この道を辿っていくと、北方四島が見える納沙布岬に行く事ができるんだ。根室はほとんど爆撃で焦土と化してしまったらしいんだけど、道路だけは昔のままのようだよ」

しばらく歩いて坂の上に来た。

「根室はごらんのとおり坂の多い町でね。子供の頃、この辺りからソリで下まで滑って遊んだ記憶があるよ」

建物は今ふうになっていた。舗装した道路、信号機が付いている所が戦前と変わっていた。

「この道を入ったところが、生まれたとこなんだけど、すっかり変わってしまってわからないや。……弁天島を見に行こう」

途中、道路だけは当時の記憶に微かに残っていたが、建物や看板の印象は全くなかった。

坂を下りて海岸に来たが、すっかり変わってしまって、弁天島がどこにあるかわからず捜しているうちに迷ってしまった。

向こうから同世代の人が歩いて来たので、あの人に聞いてみよう。

「すみません。弁天島がこの辺りにあったような気がするんですが」

「それならこの先を曲がると、見えます」

「ありがとうございます。根室もずいぶん変わりましたね」

と何気なく言うと、

「そうですね。わしも七十年以上住んでいますが、戦争でほとんどやられましたからね」

「北斗小学校ですか」

「そうですが」

「鹿谷さんて、戦前菓子店をしていた人、知りませんか?」

「鹿谷はわしだけど」

「ええ……畠山ですけど。国民学校に入った時、あなたの隣の席でした」

しばらく黙ったまま、見つめ合っていた。当時彼の家に遊びに行った事や、担任の先生のことを話すとようやく思い出してくれた。

ほとんど歩いている人がいない所で、逢った人が同級生とは、奇跡としか思えなかった。

ユックリしようかと思ったが、用事があるらしく、再会を誓って別れた。

入学した学校の前に建っているホテルが今日の宿だった。

部屋は六階で、眼下に学校やその先の街、海までよく見えて、満足のいく一日になりそうだった。……どう考えても奇跡である。

夕食は子供の時食べたオヒョウ（カレイの王様といわれている）をはじめ、新鮮な花咲ガニ、ホタテ、馬糞ウニ、秋刀魚の刺身など普段食べられない贅沢な食事となった。

翌朝、今にも雨が落ちてくるような天気だった。

朝一番で山部へ向かう。途中新得で下車、駅前の食堂で、山女の天ぷらそばを食べる。そば自体シャキシャキして美味しかった。

新得から普通車に乗り山部に向かう。途中『鉄道員（ぽっぽや）』のロケ地の駅を通過する。

「こんな山中で、ロケしたんだ。雪が降って、寒くて大変だったろうね」

「この辺り一帯は、雪がよく降り、マイナス二十度以下になる日が何日もあるからね」

金山辺りに来ると、いくらか開けて、田んぼには黄金色に実った稲の穂が頭を垂れていた。

「昔はここいらが、稲作の北限だったんだ。次だよ」

定刻どおり山部に到着する。

駅舎の中を見ると、ベンチが綺麗に整頓されて、無人駅になっていた。

過疎化でこうなったんだと思うと、悲しくなった。

高校の時、富良野まで汽車通学した事が、鮮明に甦ってきた。

「当時は駅舎からはみ出るぐらいの人で賑わっていたんだよ」

「冬の季節は大変だったんでしょうね」

「そうだね。今日は寒いと思ったら、マイナス二十度を下回っていて、その状況の説明が難しいよ」

駅を出て疎開してきた当時の会社へ行ってみる事にした。

途中、よく買い物に来た農協は、同じ場所にあったが新しく建て替えられていた。

工場に来てみると、工場の名残が微かにあって、何十棟もあった社宅はなく雑草が生えていた。当時のことを思い出して、懐かしかった。

父が定年後建てた家へ行ってみる事にした。

五十年前に建てた平屋の小さい家が、そのままの姿であったのだ。

無人で間もなく取り壊される状態だった。……中を覗いて。

「この家の柱は、父に教わって全部俺がカンナをかけたんだよ。我々が来るのを待ってたみたいだね」

「そうかもしれない」

いろいろ当時のことを思い出しながら、駅前からタクシーで富良野へ向かった。

途中、戦時中活発だった鉱山も掘削のあとが寂しく見えた。

「富良野も連続ドラマが放送されてから、たくさんの観光客が訪れて、私達も助かっています」と女性運転手がいった。

街の中へ入ると、建物はすっかり変わっていて、何一つ思い出すことはできなかった。

今宵泊まるホテルは整備されたスキー場の近くで、団体客で混雑していた。

六階の部屋からの眺望は、昔から較べれば、ずいぶん開発されているようにも見えるが、田園の町そのままのような気がした。

翌日層雲峡、登別と一泊して、函館、青森を経由して、八戸から新幹線で帰ってきた。

今回の旅は弁天様が会わせてくれた、奇跡の旅になった。

その後、小学校時代の友と交流が始まった。

アッサラーム・アレイコム　～あなたの上に平安を～

古本　希　福岡県・三十一歳

「あなたはエジプトと聞いてどんなイメージを持ちますか？」

そう問われた時、きっと誰もが思い浮かべるのは、次のようなイメージだろう。

砂漠、ピラミッド、スフィンクス、古代遺跡の数々、そしてミイラ。

誰も、とは言いすぎかもしれないが、九割くらいの人はそのようにイメージするだろう。

私も、そのうちの一人だ。しかし、二度のエジプト訪問で私のイメージは少し変わった。

遺跡の国であり砂漠の国であるイメージはもちろん消えてはいないが、そこに花と緑のイメージが新たに加わったのだ。かの有名なヘロドトスの残した「エジプトはナイルの賜物である」という言葉を表すように、ナイル川沿いは花が咲き乱れ、緑豊かな南国リゾートの香りすら漂っており、それはエジプトに対する新鮮な感覚であり、今もなおヘロドトスの言葉は生きていると感じさせられるものでもあった。

そんな国で出会った人々との思い出を、他の記憶と共にここに残したいと思う。

エジプト全土でいろいろなエジプト人と出会ったが、全てに共通していえるのは、人懐こくて親切で愛想が良いということだろう。もちろん、観光客=商売相手と思っている部分もあるだろうが、それを除いてもエジプト人は親切だと思うし、私はそんな彼らがとても好きだ。その想いを前提として、これからの私の思い出を読んでいただきたい。

私が初めて彼らの洗礼を受けたのは、ルクソール空港だった。ツアーの日程上、真夜中の十二時近くに空港に降り立ったのだが、エジプト人はある目的のために、私達のような観光客を待ち構えているのだ。彼らは、「スーツケースを持ってあげるよ」と言わんばかりに手を出してくる。その言葉に乗ってしまうと、彼らはきちんと仕事を終えたあとに、笑顔で言うのだ。「バクシーシ」と。幸い、私はそれに負けることなくバスに乗り込み安心したのだが……実はこの時、一人の男性と目が合って思わずヘラッと笑ってしまったら、その男性が嬉しそうに付いてきてしまいとても慌てたのは、今ではいい思い出だ。

さて、先に書いた「バクシーシ」とは？

エジプトは国民の大半がイスラム教徒だ。そのイスラム教の教えの一つに、貧しい者に裕福な者がお金や物を分け与えるという喜捨の教えがあり、それらのお金や物をバクシーシという。チップというには少し乱暴な表現だが、その意味を持ち合わせているのも確かだ。そのバクシーシを得るために、彼らエジプト人は観光客が集まる場所に集うのだ。そして、例えば「スーツケースを持ってあげたよ、だからバクシーシ」「写真を撮ってあげたよ、だからバクシーシ」「壁画を説明してあげたよ、だからバクシーシ」というような感じで、バクシーシを請求してくるのである。なんとも迷惑な……と思わずにいられないが、それがエジプトなのだから、と旅の中で思うようになるのだから不思議だ。というか、そう思わないとエジプトは楽しめないのだ。

さて、そんなバクシーシ狙いの彼らが一番集まるのはどこか？　それは、やはりピラミッドなどを始めとする古代遺跡だ。遺跡で待ち構えている彼らは、観光客に近づいてきて片言の日本語や英語を使い、強引にガイドをして、「ガイドをしたからバクシーシ」、と要求してくる者が多い。それから、写真を撮ってとお願いしたり、一緒に写ってとお願いしたりすると、その要求をきちんと聞いてくれたあとに、にこにこ笑顔でバクシーシ。もちろんお願いしなくても「ベストポジションで撮ってあげるよ」と申し出て、撮影後に指をこすり合わせるという、バクシーシをねだるゼスチャーで近寄ってくることのほうが多いが。

私も何度か経験をしているが、実際にバクシーシを渡したのは二度ほどだったと思う。

一度目は、ホルス神殿へ行った時だ。移動手段であった馬車の御者に過剰なほどのサービスを受け、「僕はグッドガイドだっただろう?」と猛烈アピールをされ、結局、あらかじめ添乗員から提示されていた金額にバクシーシ分を上乗せしてお支払いをした……。けれど、彼は本当に親切で優しかったし、お金と一緒にちょっとしたお菓子を渡した時の彼の満面の笑みは、どことなく感じた私達の敗北感を払拭してくれるものだったから。これでいいのだ。きっと。……と思うことにした。

二度目は、夜のルクソール神殿を訪れた時だ。ライトアップされた神殿は、たまらなく美しく、感動のあまり涙を流しそうだった。そして、イスラム教徒の礼拝の刻限を知らせるための呼びかけであるアザーンが、古代と現代を不思議な空間で繋ぎ、鳥肌が立つような感覚を与えてくれたのは、今でも忘れられない。そんな感動中に私に近づいてきた彼は、壁画について突然説明を始めると、強引に写真を撮ってくれた。実はこの時、二度目のエジプト旅行だった私は、バクシーシが来るということを予測していたのだが……神殿に感動中だったため、逃げるタイミングを逃したのである。ゆえに、バクシーシを渡してスタコラ去ったのだが、その時共に旅をした友人には悪いことをしたなぁ、と今でも少し思っている。

さて、そんな彼らと肩を並べて観光客に接してくるのが、商人達だろう。彼らは、置物などを手に持って笑顔で、「ワンダラー（一ドル）」と近づいてくるのだ。とにかくワンダラー。笑顔でワンダラー。興味を持ったらワンダラー。持たなくてもワンダラー。彼らの粘り強さはすごいと思う。そして、エジプトのいわゆる土産物屋では定価表示がない。ゆえに、買物時に値段交渉が発生するのはごくごく自然な流れなのだが、この値段交渉がまた曲者であり、けれどエジプト旅行の醍醐味ともいえるものだ。値段交渉について書くと長くなるので割愛するが、粘り強く、けれど引き際を見極めて交渉するのが一番だ。購入後、どういう気持ちを覚えるのかは、アラーのみぞ知る、とでもいうところか。

さて、ここまで読んでいただいた方の中には、エジプトで身構えてしまう人が出てくるかもしれない。けれど、身構えるだけ無駄だ。エジプト人の笑顔と粘り強さは人の心にたちまち入ってきて、その場を笑顔にしてしまう。その時には仮に敗北感を覚えていても、あとから考えるとついつい笑ってしまうような思い出になっているのだから、諦めるほかない。だとすれば、楽しく旅を終えたほうが良いに決まっている。こんなエジプト人がいたね、あんなエジプト人がいたね、と笑顔で語るためにも、身構えず気楽にエジプトを楽しむのが最善の方法だ。

　最後に、私がもっとも素敵だと思うアラビア語を紹介したい。「アッサラーム・アレイコム」という朝昼晩を問わず使える挨拶で、「あなたの上に平安を」という意味を持っている。これに返す挨拶は「ワ・アレイコム・アッサラーム」で「あなたの上にも平安を」という意味なのだそうだ。私はこの言葉を聞いた時に素晴らしいと思ったし、実際にエジプトでこの言葉を使った時に、相手が心からの笑顔で「ワ・アレイコム・アッサラーム」と返してくれることが本当に嬉しかった。なんて素敵な意味を持ち、相手を優しい気持ちにしてくれる言葉なのだろうと思う。私は、こんなにも素敵な言葉を使う彼らが大好きだし、あっという間に相手に笑顔をもたらす彼らが大好きだ。そんな彼らに魅了され、壮大なる遺跡にも魅了されている私は、これからも三度、四度、五度とエジプトを訪ねたいと思う。そのたび、きっとエジプトが大好きになると断言できる。

　そして、ここまで読んでくれたあなたに対して、私は笑顔でこう言いたい。

　アッサラーム・アレイコム！

バンコク　夕暮れの魔法

菅原　ちえ　東京都・三十一歳

旅をすると、旅した場所が時間と共に記憶に残る。例えば、ホノルル。私にとってのホノルルは、ワイキキのホテルのラナイ（ベランダ）で感じる朝の空気とサーフィンに繰り出すロコの姿。シドニーならば、ボンダイビーチの遊歩道から見るお昼近くの太平洋。私にとってその土地の印象として残る場所は、必ず時間とワンセットだ。

訪れた各地の中でも絶対この時間が似合う、と宣言したい都市がある。

強烈な日差しと南国の人々、エキゾチックな印象ながら東京と変わらないほどの大都会。そんな印象を抱いて訪れたのがタイの首都バンコクだった。

休むことなくチャオプラヤ川を往来する船、町に出ればＢＴＳ（スカイトレイン）ができても地下鉄ができても一向に減らないバンコク名物の渋滞。クラクションは常に大音量だし、狭い通りにも高架下にも排気ガスの中でも屋台が賑わい、バンコクは朝から晩までエネルギーにあふれている。

それなのに、夕暮れの一瞬だけ、ほんの一瞬、なぜかふっと街中が手を休めて静まりかえる気がする。あんなに全力投球でエネルギーを振りまいていた街も人も、働くのもしゃべるのも忘れて夕暮れに見ほれているかのようだ。通勤ボートで家路に向かうだろう人々の顔も一様に穏やかで、とてもさっきまで数バーツを値切るためにファイトしていた人達には見えない。今なら彼らにボラれることはないかもと思わせる顔をしている。

昼の熱気と夜の喧騒がちょうど入れ替わるその一瞬、バンコク全体が一息、休憩をしているにちがいない。

夕暮れは、バンコクの美しさはここにあると思わせるかのように街を一層輝かせることも忘れない。昼日中のぎらぎらした日差しとは違うオレンジの光が斜めから差し込み、黄金の瓦を持つ寺院は温かい反射を繰り返すし、お世辞にも清流とはいえないチャオプラヤ川の水面も心なしか穏やかな色に染まっている。夜になればまたネオンで輝きと誘惑を振りまく都市の、この一瞬。

夕暮れ時こそが、日ごろ「エネルギッシュな街」と形容されるこの都市が隠し持っている魅力なのだと、バンコクを愛してやまない私はひそかに得意気だ。コレは私しか知らないバンコクの魅力だぞ……なんて感じ入りつつ、今日の夕暮れ時も氷を入れたビア・シン（シンハービールのタイ人の呼び方。タイの人は氷を入れてビールを飲むことが多い）がぐいぐい進むのだ。

これも、バンコクの夕暮れが持つ魔法にかかっているせいかもしれないな。

忘れない旅

夢叶う　大阪府・三十五歳

あれは、主人と結婚して新婚旅行に行った時のことです。当時、私は授かり婚なので、お腹には四か月になる長男がいました。産婦人科の先生には、赤ちゃんに何かあるといけないので海外や飛行機に乗る旅行は禁止と言われていたため、旅行会社で見つけた新幹線やバスで移動の「夫婦で行く旅」というのに決めました。

出発当日に新幹線で私たちが行くツアーの集合場所に行くと……。ほんとにびっくりしました。

集合場所に集まっていたのは平均年齢七十歳ぐらいの御夫婦ばかり。まだ二十歳過ぎの私達夫婦はとても浮いていました。まだ若かったということもあり、若干、面白くない旅行になりそうとがっかりしていた私。

でも、皆さんほんとにいい人ばかりでした。安定期に入ったばかりの私には皆さんの歩くペースや旅行の進行具合がちょうど良くて、お腹が張ることもなく、ゆったりした旅行が楽しめました。

何より、他の旅行者の方々に、妊娠していることを告げると、所々で「お腹大丈夫？」など声をかけてくださったりと、いろんな方に大事にしていただきました。

旅行先のどの場所でも、私達夫婦の前で店員さんに「お二人ですか？」と声をかけられ、「いえ、前の団体と同じです」と何度か言って、主人と笑ったのを覚えています。

いろんな方とお話をしたことは、若い私達にはとても勉強になり、いくつになってもこうやって夫婦で仲睦まじく旅行できる夫婦でいたいと皆さんを見て思いました。

集合写真に皆さんのお孫さんぐらいの年齢の私達が間に入っているのを見ると、今でもはにかんでしまいます。

旅行の最後、解散場所でたくさんの夫婦の方にお腹をさすってもらい、「元気な赤ちゃん産んでね」と声をかけていただいたのを覚えています。

あの頃は若かったので、良くしてくださった方々の住所を聞くところまで気が回らず、それっきりになってしまいました。

その時お腹にいた長男も、今年で十四歳になります。あの時、きちんとお礼を言えたのかはっきり覚えていませんが、主人と私にとっては一生の思い出になった旅行でした。

おもろで愉快なエジプト人

中河　京子　大阪府・三十一歳

二〇〇五年四月、ずっと行きたかったエジプト、アフリカ大陸に、十三時間かけて関西国際空港から飛びたった飛行機が遂に到着した。

長いはずの空の旅は、エジプト航空のキャビンアテンダントによっておもろなエジプト人と出会う旅の序章を意味するものとなり、そのエジプト人によってずいぶん楽しませてもらうことになった。

エジプト旅行に一緒に行ったのは小学校以来の友人の美香ちゃん、当時二十七歳、職業専業主婦。

この美香ちゃんは、だれが見てもかわいい美貌の持ち主。

機内に入り私たちが席に着くやいなや、エジプト人の男性ＣＡは友人の美香ちゃんをいきなりナンパ。

「おー、ゆわびゅうてぃふる。なんちゃらかんちゃら……」と英語で話しかけてきた。

そのＣＡは自分の仕事をすぐに放棄し、他の客をほったらかしにしたまま美香ちゃんに懸命に話しかけ続ける。いよいよ離陸となりやっと自分の席に着いたＣＡ。だけど飛行機が安定飛行に入るやいなや、美香ちゃんのところにやってきてまた話しかける。

「ボーイフレンドはいるのか？　なんちゃらかんちゃら……」

「結婚してます」と美香ちゃん。しかし彼は全くひるまない。仕事もせず美香ちゃんに付きっきり。他のＣＡは呆れ顔。どれぐらいたったのだろうか。彼も立ちっぱなしで疲れたのか、隣に座っていた私に声をかけてくる。なんだ？　と思えば、

「ちょっと席を外してくれない？　そこに座って美香とゆっくり話がしたいんだ」

と。あほな！　客の私にそんなこと頼むのかい⁉

「Ｎｏ！」と言ってやったけど、彼はなんてことない顔して美香ちゃんにでれでれ。

相手にしていた美香ちゃんも愛想をつかし、シカトを決め込む。するとあきらめたのかやっと仕事に戻った。少したってから、ＣＡたちが乗客にあめちゃんを配り始めた。一人二、三個ぐらいずつ配っていたのだけれど、その彼は美香ちゃんにだけあめちゃんを机の

上にこんもり置いた。しかも彼は嬉しそうにどや顔。また美香ちゃんに話しかけ通路を塞ぐ。誰か彼に注意をしてくれ。

そのうち眠りについた私たちだったけど、起きたらバナナが美香ちゃんの机の上に置いてあったりとか、ジュースが置いてあったりで、彼からのプレゼント攻撃はエジプトに着陸するまで続き、着く頃には結構な荷物になった。

長い飛行は終わり、エジプト到着。さよならＣＡ。悲しそうな彼を尻目に私たちは少し重くなった手荷物を持ち、清々しく飛行機を降り立った。

エジプトに到着し空港を出る。一歩出たその瞬間、エジプトの風と匂いを全身で感じ、「ついに来た！」と実感し、わくわくは最高潮に達する。

一週間お世話になる現地ツアーガイドの、通称はまちゃんと合流し、ひとまずホテルにバスで向かう。夜中に着いたから、バスの中から外の景色がはっきり見てとれなかったのだけど、朝起きてビックリ!!　ホテルの窓を開けると、そこにはずっとこの目で見てみたかった、これを見にここまで来た、ピラミッドが聳え立っていた。

私たちはカイロから南へ南へと下る旅に出る。カイロからルクソールへ移動しアスワン、アブシンベル、そしてカイロに戻る日程。

飛行機移動の毎日で、飛行機に退屈を覚え始めた頃、私たちはとんでもない二人目のエジプト人に出会い退屈を奪ってもらうことになった。

それは長い行列のセキュリティーチェック待ちの空港内。ちょうど私たちが並び始めた時、一人の欧米のバックパッカーふうの男の子がチェックされ始めていた。でかいバッグと、片手にハーモニカを持って。音楽と共に旅をしてるんだろうなって見てた矢先、チェックしてるエジプト人がハーモニカを指差し、これはなんだ？　という素振りが遠目にも見て取れた。その欧米の男の子は、身振り手振りでハーモニカの説明を必死でしているが、チェックマンは納得いかない様子でずっと渋い顔。と思った次の瞬間、そのチェックマンは男の子からハーモニカを取り上げ、空にかざし、じっくり見た……と思うといきなりそのハーモニカを吹き始め、美しい音色⁇　を奏で始めた。私たちは目が点に！　ハーモニカの音色は空港に響き渡る。

「え～‼　吹いたで！」私たちは度肝を抜かれた。てかそこで見てた人、皆がビックリしたと思うけど。まぁ確実にその男の子が一番衝撃を受けたに違いない。

その後すんなり通してもらってたけどね。

「直に吹くなんてな〜」

私たちは衝撃的すぎたこの出来事を引きずりながら、王家の谷へと向かった。

王家の谷。

それはそれは壮大で、圧巻で、言葉にしたら「すごい！」しか出てこない。自分のボキャブラリーのなさが身にしみた。

とてつもない広い王家の谷を、じっくり噛み締めながら歩いていた。四月といえどもエジプトの気温は四十度近くに上がっていた。私たちが結構バテ始めたころ、またしても衝撃的な事をするエジプト人に出会うこととなった。

三人目だ。

観光地にいる男性のエジプト人の衣装は、ロングのワンピースみたいな衣装で、頭には布を巻きつけてあるといういでたち。

帰りのバス乗り場まで私たちは自分たちのペースで離れながらてくてく歩いていた。後ろからエジプト人のなにやら楽しそうな笑い声が聞こえ始め、その声がだんだん近くなって、私たちの横を二、三人の男性エジプト人が走ってきた。すると、後ろから走ってきたエジプト人が、前を走ってるエジプト人のそのワンピースをめくったのだ！

私たちはそれを見た瞬間、お互い目を合わせた。

「……!! 今のって、もしかして……。スカートめくり??」

されたほうもされたほうで、照れくさそうにホホを赤らめてるし、したほうはしたほうで、嬉しそうな顔してるし、それを見た瞬間、疲れなんかぶっ飛び二人とも大爆笑。

あっという間に元気になった、げんきんな私たちだった。

いろんな人に出会い、素晴らしい世界遺産や遺跡をたくさん見られた貴重な旅だった。エジプト人の、度肝を抜かれる珍行動にはほんとに楽しませてもらったし、今でもエジプトの旅を思い出させてくれるのは、おもろで愉快なエジプト人たちの行動です。

初めての海外旅行

大口　直子　　埼玉県・五十四歳

ホノルル空港到着は最悪だった。

一歳二カ月の二男には座席がなく、予定していた乳児用ベッドも確保できなかったから、抱き合って眠った私達は二人とも疲れ果てていた。夫は風邪をこじらせてしまい、楽しみにしていた旅行だというのに、口数が少なく笑顔がない。

九月のハワイ旅行は若い日本人が目立った。子供達は長い時間静かにしている事がむずかしいから、きっと迷惑をかけたに違いない。私達に向けられた彼らの視線が少し冷たく感じられ、夜の飛行機内はあまり居心地の良い所ではなかった。子供達にはかわいそうな事をしたのかもしれない。海外旅行に連れていくには小さすぎると、実家の母が心配していたのを思い出した。

私にとっても初めての海外だった。きっと、見るもの全てが日本とは違うのだろうと、子供のような興奮状態で成田を発ったが、空港内の景色も特に目新しいものはなく、当然の事ながら見下ろす地面も日本と変わらない。ここは本当に外国なのかと思った。時差ボケと疲れとで、思考能力が低下していたかもしれない。

そして、一番陽気にはしゃいでいた三歳の長男に異変が起きた。顔色が青くて元気がない。機嫌が悪くなり甘えて歩こうとしないのは、体調の悪い証拠だった。

二男を夫に託し、長男を抱きあげた途端、彼は昨夜の機内食を増幅させて私の胸に吐き戻した。新調のジャケット、お気に入りのTシャツがメチャメチャになったが、奇跡的に彼の服も床も一切汚れずにすんだ。子供がいる事で周りに迷惑をかけ、また冷ややかな視線に晒されるのは厭だった。

あわてて洗面所に駆け込んだものの、まさか自分の着替えが必要になるとは思ってもみなかった。とっさに、夫が自分のポロシャツを脱いで私に着せてくれた。自分は肌着のシャツだけになったが、白のTシャツに見えない事もなかった。

そんなこんなで、私達が洗面所を出る頃には、同じ飛行機の乗客は誰もいなかった。私達は最後のバスで、航空会社のスタッフと一緒に空港施設に向かった。

入国審査の部屋は体育館のように大きかった。十五ほどのゲートが並び、観光客がそれぞれのゲートに並んで審査を待っていた。行列の長さは、二十メートルくらいはあっただろうか。私達は一番端の、もちろん、その最後尾に付いた。子供達が行列にじっとしていられるわけもないから、私一人がトランクを守って列に並び、夫が少し離れた場所で子供達を遊ばせてくれた。行列はなかなか進まない。でも、どうでもいいような、無感覚に近い状態だったと思う。

その人は突然、前方から現れた。日本にはいない白人の顔、大きな洋なし型の体型で、お腹を揺らしながら夫のほうへ歩いてくる。日本人が見たら、十人が十人とも彼を〝アメリカ人〟だと言うだろう。私は西部劇に出てくる保安官のようだと思った。

保安官は夫のそばに来ると、片言の日本語で聞いた。

「アナタ、オクサン、イルデショ。オクサン、ドコ」

このハプニングに、ざわついていた行列はお喋りを止めた。オクサンは、怖さのあまり全てが終わったと思った。これから何が起こるのか想像もつかなかった。こんな所、来るんじゃなかった。

私はびくびくしながら、トランクを引いて夫のそばに近寄って行った。

彼は私を見ると、

「アー。アナタ、オクサンネ。イッショニキナサイ」

それだけ言ってもと来たほうへ歩き出した。

大きな保安官を先頭に、子供達の手を引いた夫、トランクを引っ張りながらうなだれて歩く私。行列に並ぶ若い日本人達が、好奇心いっぱいの目で私達を追っている。連鎖するように二十メートルの行列が次々と私達を見送っている。緊張で胸が苦しくなった。

行列の先頭に着くと保安官がどこかへ行ってしまって、一番端のゲートに座っていた空港の職員らしき男性が、前からの知り合いのように笑顔で夫に話しかけてきた。夫も機嫌良く言葉を返して、私達はなんのトラブルもなしに解放されていた。英語なんて全くわからない私は、きつねにつままれたような思いで夫に聞いた。職員が「大金持ってる?」と聞いたから、「そんなに持ってない」と答えたらしい。そんな会話だけで、私達は入国審査をパスしたというのか。

それなら、あの保安官は誰だったのか? 行列の一番後ろにいた私達が、どうしてこんなに早く入国審査を終えたのか? 夫の答は簡単だった。

「子供がいたからだよ」

入国審査のゲートは、小さな子供達や障害のある人達のためにいつも一カ所開けておくらしい。あの保安官は、そんな人達を見つけてゲートに連れていってくれる人だったのだ。見上げると、壁に掲げられたレーガン大統領の大きなパネルに、Welcomeの文字が躍って見えた。そこはアメリカだった。

入国審査を終えた直後の家族写真がある。みんな首に花のレイを下げて笑っている。騒ぎを起こした長男は、何事もなかったように笑顔が眩しい。夫に抱かれた二男は元気を取り戻して、真っすぐな目でカメラを見ている。

夫が急いでトランクから引っ張り出したポロシャツは、偶然にも私に着せたものとお揃いだったから、新婚時代以来の久しぶりのペアルックとなった。私の服の胸には、長男が作った大きな水染みがあるけれど、なんだかステキなデザインのようにも見える。夫は風邪など吹き飛んでしまったように朗らかだ。そして私は、我ながら若くて優しげで、初めての海外旅行に輝いている。

二十二年前の、最高の想い出である。

僕とチャーリー

大坪　穂高　　岐阜県・三十一歳

プシュ〜。いつものように朝ごはんを食べていたら何か音が聞こえた。辺りを見回してみるが何もない。再び朝ごはんを続けていると、プシュ〜。やはり何もない。どこか遠くで銃でも撃ったかなと思った。

三度目。今度は見た！　あの水しぶき、間違いない。鯨だ。海のほうをずっと見ていたら、再び水しぶきが上がった。かなり近い所で鯨が泳いでいた。

西は海、東は森、南北は砂浜で何もないから、聞こえる音は木々のおしゃべりと海のBGM、動物達の鳴き声だけだ。だから鯨の水しぶきの音がはっきり聞こえたのだろう。

とにかく感動の連続の六週間だった。

初日、四人乗り程度のモーターボートに荷物をぎっしり載せて、その荷物の上に座り約一時間、連れてこられたのは何もないとこだった。あるのはテントだけ。それでもかわいい犬が二匹と猫が一匹、太っちょのおばあちゃんが出迎えてくれた。着いて早々、お腹空いてる？　と勧められたのが、鍋いっぱいに茹で上げた蟹だった。それを迎えに来てくれたピーターと、太っちょおばちゃんのモニークと自分の三人でひたすら食した。僕らが食べ終わった蟹の甲羅に少し残っている身は、猫のクンクンと海の魚達が食べた。

夕方、真っ赤な夕日がアメリカのほうへ沈んでいくと、ピーターとモニークは焚き火してもいいよとだけ言い残し、おやすみと言ってキャビンに入って行った。まだまだ時間は早いし、言われたとおりに適当に枯れ木を集め火を起こした。初日の夜に乾杯した。

次第に辺りが暗くなる。おしっこがしたくなり、立ち上がり気がついた。本当に真っ暗だった。何もないからだ。焚き火の明かりのみだった。遠くで動物の鳴き声が聞こえる。急に怖くなった。だけど強い味方が二人、正確には二匹いた。スーとチャーリーだ。彼らは初日から僕を歓迎し、砂浜を案内してくれた。焚き火をする時も寝る時もずっと僕の傍から離れようとしなかった。スーは常に僕の隣にいてくれた。チャーリーは何かが近づいてくると追っ払ってくれた。

初日は真っ暗に感じた夜だったが、二日目の夜意外に明るいことに気づいた。月明かりだ。それも数週間経つと、三日月と満月近辺では明るさが全く違うことがわかった。普段何かしらの明かりの中で生活していると、月明かりがこんなに違うことにも気づかなかった。

ある日ピーターのファミリーがサーモンを持って訪ねてきた。ネイティブ達は自分の集落の仲間をファミリーと呼ぶ。そのサーモンをモニークが捌き、ピーターが木で作った串を使って焚き火の前で炙り焼きにした。ピーターはそれをインディアンバーベキューと言っていた。二時間程度かけてじっくりと炙り焼きにしたサーモンは、最高に美味かった。

毎日遊んで暮らしていたわけではない。ボランティアという名の仕事をしていた。

ここはWEST　COAST　TRAILというバンクーバーの西、バンクーバー島の西海岸にある七十五キロメートルのトレイルコースだ。そこをハイカー達がテントやシュラフ、食料をバックパックに入れて担ぎ、約一週間程度かけて歩く。山登りではなく、森や海岸を歩く。そのためアップダウンは少ないが、砂浜を歩いたり、二百段もある梯子を上ったり、川を渡ったりする。途中に灯台があるだけで、あとは家も小屋もなく、途中で回避するルートもないから歩ききるしかない。ただ国立公園のため、頻繁にレンジャーが見回っている。

そのちょうど中間地点、スタートして約三日ほど歩いた所にピーターとモニークは住んでいる。ピーターはネイティブのため、昔からそこに住んでおり、たまたま数年前ピーターが海岸でジュースを飲んでいたら、ハイカーがきて、他にジュースがあれば売ってくれないかと聞かれたのをきっかけに、そこで小さなお店（ＣＨＥＺ　ＭＯＮＩＱＵＥ'Ｓ）、日本でいう海の家のようなお店を始めたのだという。そこで僕はそのお店の手伝いをして生活していた。主な仕事は、そのお店でハイカー達に食べ物や飲み物を提供すること、その食料の調達をしに定期的にボートに乗って町へ行くこと、そして畑仕事。モニークが花や野菜を育てていた。

朝は何時に起きてもいいし、いつ仕事を始めてもよかった。だからこそ自主的に規則正しく起き仕事をしていた。

僕は毎朝起きると約一時間、森の中や海岸を歩いたり走ったりした。もちろんスーやチャーリーも一緒だ。この散歩中もスーはずっと一緒に歩き、チャーリーは鳥やリスを追いかけ走り回っていた。散歩が終わると、自分で朝ごはんを準備して食べる。仕事を始めるのはだいたい八時半くらいからだった。ハイカーがお店に寄ればその対応でお店の仕事をし、ハイカーがいない時は畑仕事をした。天気がよくて気持ちのいい日もあれば、雨が降って寒い日もあった。雨でずぶ濡れのハイカーのために、テントの中にあるストーブに火を起こし、暖を提供することもあった。

もともと僕がここで働くことを決めたのは、タダで寝ることができ、ごはんが食べられ、英語で会話をする練習ができ、大自然の中に身を置ける。こんな一石四鳥のポイントがあったからだ。

寝るのはテントにシュラフだったが、毎日チャーリーと寝ていたので寒い日でも暖かかった。食べることは最高だった。三食しっかり食べられるし、サーモン、イクラ、ウニ、カニ等魚介類が豊富だった。英会話は、ピーターは冗談をよく言って面白かったし、モニークは話すことが何よりも好きで、その他にも一緒に働いていた仲間、ハイカー達と少しずつ練習できた。英語が話せなくて歯がゆい思いもしたけど、一緒に長く生活するうえで大切なことは、言葉より心だと改めて思った。ピーターは他の仲間の誰よりも僕を信頼してくれていたと思う。そして大自然。水も電気もないところで仲間と犬達と動物達と自然の中で生活していた。毎朝散歩もしていたし、週に一回もらえる休みには一日中かけてトレイルコースを歩いた。こんな素晴らしい生活を約六週間おくった。

自然の怖さ、自然との共存も勉強になった。

まずは雨。飲み水は森からの水を飲用していたため、雨が降ると茶色に濁る。幸いLPガスだけはあったので、雨で濁っている時は煮沸させて飲んだ。雨でずぶ濡れになった時、普通に生活していれば、家に帰りシャワーを浴び新たな服を着る。しかしシャワーはない。濡れた服を脱ぎタオルで拭いて乾いている服を着るのだが、一度濡れた体はなかなかすぐには体温が上がらない。

次に海。先にも書いたように、生活していた場所は町から三日ほど歩いた場所にある。そうなると目の前が海のためボートのほうが速い。晴れた穏やかな日であれば、ボートで約一時間で町まで行ける。しかしある日天気が悪い日が続き、なかなか町へ食料等を調達に行くことができなかった。少し天気がよくなったところで、意を決してピーターが一人で町へ行った。行きはよかった。しかし帰りに再び天気が悪くなり、波は普段の三倍の高さになっていた。町を出ると連絡がきてから二時間たっても帰ってこない。モニークはずっとそわそわしていた。二時間半後ピーターの姿が見えた。普段なら姿が見えたら五分程度で着く。しかし、なかなか岸まで戻ってこられない。ボートが波の下のほうに行くたびにピーターの姿が消える。僕は双眼鏡でずっと見ていた。約三時間後、ぐったりしたピーターがなんとか無事に帰ってきた。

そして最後は動物。具体的には熊とクーガーだ。熊は幾度か見た。一番近い時で十五メートルくらいの距離まで近づいた。熊は一般的には臆病な動物だ。犬が吠えたりこちらが大きな音を出すと逃げていく。本当に怖いのはクーガーだとピーターが言っていた。幸いクーガーには一度も会うことはなかったが、ピーターは以前自分の犬をクーガーにやられていた。川が真っ赤になっていたという。ピーターもクーガーを見たことはないと言っていたが、熊は草食であるのに対し、クーガーは肉食であるため、人間でも襲われる可能性がある。

僕には仲間がいた。ピーター、モニーク、一緒に働いていた仲間、そして犬や猫達。だから怖いと思ったことはほとんどなかった。ほとんどは楽しかった。ある時アメリカ人のハイカーが訊ねた。テレビも何もないこんな所で生活して楽しいのかい？

するとモニークは言った。世界で一番でかいテレビがあるさ。海は毎日違う景色だよ。

モニークはよくしゃべりよく笑う。ハイカーの中にはお店で二時間、三時間と話し込んでしまい、出発が遅れてしまう人もいた。モニークはちょっとした有名人になっていた。彼女と話したくてお店に寄る人もいる。ハイカー達がお店を出発する時、モニークは決まって、これからハイカーが向かうコースのアドバイスをする。その適確なアドバイスからハイカー達は決まってモニークにこう問う。

「このトレイルを何回歩いたことがあるの？」

するとモニークは、

「そんなの一回もあるわけないじゃない。見て分からないの？」

そう。モニークは太ってよちよち歩く。モニークは人から聞いた話を、さも自分が行ったことがあるかのように自信満々にアドバイスするのだ。モニークとハイカー達の、そのいつもの決まったやり取りを聞いて、僕達はいつも笑っていた。

そんな楽しかった生活も、九月いっぱいで終わりを迎えた。このトレイルコースは基本的に五月から九月末までとなっている。ピーター達も以前は一年中暮らしていたのだが、歳を取ったモニークの体も少し弱くなっており、シーズン以外は街で暮らしている。キャンピングカーやファミリーの家で生活するのだという。最終日の朝、熊が一番近くまで寄ってきた。きっとお別れを言いに来たんだろう。

最後の別れ際、モニークは僕にお金を渡した。このボランティアは働く代わりに寝ることと食べる物を与え、お金のやり取りは一切ないというシステムのもの。それなのにモニークはお金をくれた。僕がいらないよと言うと、モニークはこう言った。

「これでチャーリーの代わりを買って」

僕は笑って受け取った。溢れ出そうな涙をこらえ僕はお別れをした。

グッバイではなく、シーユーアゲインと言って。

一杯のかけスープ

小野　華恵　東京都・三十一歳

ドイツで一杯のかけそばならぬ、かけスープをご馳走になったことがある。

欧州内を、行き帰りのチケットだけ手配して、あとは現地で行先を決めて、小さいスーツケースを転がしながら電車で一週間ほどぶらぶら……。こんな旅を、もう何回経験しただろうか。旅の連れはいつも母。還暦を過ぎたというのに健脚で、好奇心旺盛で、趣味があう。現地に行ったら現地のものを楽しもう、が合言葉だ。

その日はドイツ滞在六日目だった。合言葉に従い毎日毎日ドイツ料理を楽しんでいたが、正直、日本食が食べたくて仕方なくなっていた。しかしそこは小さな田舎町で、日本料理屋はない。よくある中華料理屋もない。いくつかのお店を悲しい気持ちで覗き込んでいたところ、母が興奮して私の腕をひっぱった。

見るとそこにはドイツでもポピュラーなシーフード料理のチェーン店。メニューの写真の中に、なにやらお米らしきものが浮いているスープの写真があるではないか！

思わず飛び込んで、必死にメニューの写真を指差した。すると、ビール瓶のようなお腹をしたオーナーらしい男性がしきりと首をふる。どうやら、売り切れてしまったか、その日のメニューにはなかったのか、とにかくそのスープは売っていないということを、ドイツ語で必死に説明してくれた。

気負い込んでいただけにがっかりした私と母は、そこからまた別の場所に行く気力もなく、仕方なく他のスープを一人分だけ買って、隅の座席で食事をすることにした。

私も母も小食で、日本でも二人で一人分の食事でも足りるくらい。ましてやドイツ料理となると、あまりの多さにもったいなくも残してしまうこともある。ここはチェーン店なので、二人で一人分のスープでも怒られないかな、と思ったのである。

すると、ふと気付くと、隣にオーナーが立っている。やはり頼む量が少なかったかと立ち上がる私達の前に、もう一杯スープが置かれたのである。ひょっとしてもう一杯頼んだと思われたのだろうか。しかし、それならそれでお金をきちんと支払わねば……とレジに行こうとしたところ、オーナーは笑って押しとどめて、食べなさいというように促してきた。さらに奥のスタッフに声をかけて、パンまで持ってこさせている。

なんだろう。ひょっとして何かのキャンペーンなのか。私も母も狐につままれたような気分でお互いを見た。その間にオーナーはパンを私達のテーブルに置くと、とびきりのウインクをしてカウンターに戻ってしまった。

「ひょっとして」母が言った。「一杯のかけそば状態と思ったのかな」

言われてみると、私達が最初に求めたスープは、偶然にもその店で一番安いもの。二人ともラフな格好のうえ、長旅で味が出てきた小さいスーツケースを小脇に従えている。しかも一日中歩き回ったあとで、化粧も落ちかけ、くたびれた感じがでている。お米スープがないと知った時の落胆ぶりも、かなりのものに見えただろう。

「悪いわ」と訂正しようとしてオーナーのほうを見ると、またもとびっきりの笑顔で食べなさい、と手ぶりを繰り返した。

誤解とはいえ、なんて優しい心遣いだろう。母と二人で感動し、その誤解は解かず、ご親切をいただこう、と決めた。しかしそこからが試練だった。

前述通り、母も私も小食だ。そこにドイツサイズで二人分のスープにパンまで。しかも、どうやら最高級のこってり系をわざわざ選んでくれたようだ。多い……。しかし、オーナーの親切がやはり嬉しくて、私達は必死に食べ続けた。

やった、完食だ！　母と二人でお互いをたたえあう笑顔を交わした、まさにその時、オーナーが今度はソーセージと食後のデザート、そして……なんと、あのお米のスープを持ってきてくれたのだ！

きっと、わざわざ新しく作ってくれたのだろう。それにしても……トレイからはみ出さんばかりの食事の山である。一瞬、気が遠くなりそうになった。しかし、ドイツの方の真心を無下にしては日本人がすたるというもの。私達は時間をかけつつも、オーナーの真心を完食し、笑顔と御礼でそのお店をあとにした。

案の定、その日は夜になっても胃がもたれ、二人して胃腸薬のお世話になった。しかし、そんなことは補ってあまりあるほど、温かいものをお腹にも心にも感じていた。

その後も何回も旅にでて、いろいろな料理を楽しんだ。その中には世界の美味・珍味と呼ばれるものも少なくなかった。

しかし、二人で話すといつも思い出すのは、あの時の一杯のかけスープなのである。

母音のあやまち

いずみ　大阪府・四十歳

「ねえ、これ『ジュネーブ』って書いてない？」

「ちがうよ。『ジェノバ』だよ」

私の問いを、T子ちゃんは一蹴した。

スペインのバルセロナを昨夜出発し、一晩クシェット（寝台車）にゆられて、朝早く駅に到着した。目的地はイタリアのジェノバだったはず。しかし、ホームにかかった看板には〝GENEVE〟と記されていた。

「でも周りにいる人たち、みんなフランス語をしゃべってるように聞こえるんだけど」

「ジェノバ行きの電車に乗ったんだもん。ジュネーブのわけないじゃない」

T子ちゃんは何度看板を見上げても、ここはジェノバだと言い張る。こうまで彼女が頑ななのには理由があった。このクシェットの時刻表を調べたのはT子ちゃんなのだ。

「でも、ジュネーブに見える気がするんだけどなあ……」

とは言ったものの、実のところ私も半信半疑なのだった。語学は大の苦手なのだ。

あの看板、やっぱりジェノバって読むのかなあ。イタリア語をしゃべる人が通らないのは旅行客ばかりだから？　ここはイタリア？　それともスイス？　う～んと首を傾げる。

T子ちゃんも実は不安だったようだ。

「それじゃあ、誰かに聞いてみようよ」

「そうだね」

私たちは、そばを歩いていた現地の人らしきおじさんにたずねてみることにした。

「あのう、ここってジェノバですよね？」

すると、おじさんはいきなりふき出した。

「ここはスイス。ジェノバはイタリアだよ～ん」

（もちろん質問も答えも英語だったのだが、ニュアンスはまさにこういうふうだった）

「ジェノバ。ジェノバねえ。くくく……」

よほどおもしろかったのか、おじさんは大笑いしながら去っていった。きっとあの日、おじさんの職場は、バカな日本人の話題で大いに盛り上がったことだろう。

ようやく現実に目覚めたT子ちゃんは蒼ざめた。

「うそお。なんで？　ジェノバ行きの切符を買ったのに、なんでジュネーブに着くの？」

「もしかして、時刻表を読み間違えたとか？」

おそるおそる言うと、T子ちゃんはその場にしゃがみ、バックパックから時刻表を取り出してページをめくった。昨日彼女がチェックを入れた到着地の綴りを確かめ、そして、絶句した。

ジュネーブ　GENEVE

ジェノバ　GENOVA

二つの街の読み方はずいぶん異なるけれど、アルファベットで書いてみれば母音が二個違うだけ。時刻表の細かい印刷文字を、T子ちゃんが読み違えたのも無理はない。

「うそお。信じらんない。ごめんなさい」

T子ちゃんは泣きそうな顔で何度も謝る。

「いいって、いいって。私だって全然気付かなかったんだから」

対照的に、私は笑いが込み上げていた。

私とT子ちゃんは、大学で西洋美術史を専攻するゼミ仲間だった。卒論を書く前にテーマにする絵の現物を見に行こうと計画し、イギリスからスペイン、さらにイタリアの美術館をひたすら巡る、絵画鑑賞の旅の途中だった。

しかし、実はそのわずか半月前に私は失恋していた。計画段階では夢にも思っていなかったことだけれど、この旅は私にとっては傷心旅行の側面も持っていたのだった。

それなのに、ヨーロッパの恋人たちというやつは、どうしてああもところかまわずイチャイチャするのだろうか。町中だろうと、周囲に大勢人がいようとお構いなし。どんなに避けようと、彼らのベタベタする様が否応なしに私の視界に入ってくる。通りを歩いているときに、うしろから赤ちゃんがおしゃぶりを盛大にしゃぶるような音がするのでふり返ってみると、濃厚なラブシーンが展開されていたということもあった。失恋したての私には目にも心にも痛過ぎる光景だ。悲しい夢を見て泣きながら目を覚まし、T子ちゃんになぐさめてもらったことも、旅の途中、何度もあった。

けれども、想定外のアクシデントはそんな私の心にどーんと大きな花火を打ち上げてくれた。勉強のために来ているのだからと、好きなお酒を絶ち、おいしいものも食べず、観光スポットにも行かず、ひたすら堅実に旅を進めてきた私たちだったからこそなおさらだ。

「おもしろーい。やっぱ旅はこうでないとね」

私は腹を抱えて笑った。落ち込みまくっているT子ちゃんを尻目に、楽しくてしかたがなかった。こんなに笑ったのは何日ぶりだろう。いじいじしていた自分までいっしょに吹き飛ばしてしまった。

あんまり私が笑うので、しまいにはT子ちゃんも笑顔になった。少々苦味が混じっていたようだけれども。

思いがけず訪れることになったスイス。楽しまなければもったいない。なんの情報も持っていなかった私たちは、ひとまず駅のインフォメーションに向かった。そこでジュネーブの地図と美術館情報をもらって街に出た。

まずは大噴水が高く噴き上げているレマン湖へ。一番安い遊覧船に乗った。船頭さんは陽気な人で、肩を組んで一緒に写真に納まった。道行く人が私たちに手を振ってくれた。湖の水は透き通り、緑がかっていた。港を取り巻く公園にはゴミ一つ落ちていなかった。

午後からはジュネーブにある美術館をはしごして回った。残念ながら、私たちが卒論のテーマにしていたスペインの画家、ゴヤとベラスケスの作品はなかった。けれど、ルノワールからピカソまでという近代絵画展が開催されていて、それはそれで興味深かったし、プチ・パレという美術館などは建物自体も素晴らしくて、凝った調度に目を瞠った。

深い緑に包まれた公園のベンチでひと休みすると、風が吹くたび、たくさん植えられた栗の木からごろんと実が落ちてきた。

イギリスやスペインであれほど見かけた、人目をはばからずいちゃつくカップルはほとんどいなかった。代わりに家族連れや毛並みのいい大型犬を散歩させている人たちがいた。みな身綺麗な格好をしていて、ヨーロッパへ来て以来、すっぴんで着たきりスズメだった私たちは大いにお洒落心を刺激された。

「私、次は絶対いい服を着て、ちゃんと化粧してここに来る」

「たくさんお金も持ってね」

私たちは固く誓い合った。

思わぬことで広がる世界。予想もしなかったところからもたらされる新たな感動。それを旅の醍醐味というのなら、この日、私たちは十二分に旅を満喫した。

日程の都合上、私たちはジェノバ行きを断念し、その夜発のクシェットで本来の目的地であるフィレンツェに向かうことになった。たった半日の滞在ではあったが、こうして「私が行ったことのある国リスト」にスイスが加わることになった。

あれから、そろそろ二十年が経とうとしている。

T子ちゃんは翌年の春、卒業旅行で再度ヨーロッパを訪れ、今度こそジェノバ行きを果たしたそうだ。その後、綺麗な服を着てジュネーブに行ったかどうかは聞いていない。

私はというと、あれ以来一度もヨーロッパの土を踏んでいない。いまだジェノバへもジュネーブへの旅も実現できずにいる。けれど必ず行きたいと思う。いつになるかはわからないけれど。

ただしそのとき、時刻表の読み方にはよくよく注意しようと思っている。語学は相変わらず苦手だから、行き先の綴りをくれぐれも見誤らないように。

それでも目的地を間違えたときには、こう言って笑い飛ばすつもりだ。

「旅はやっぱりこうでないとね」

エジプト珍道中

和田 稔　神奈川県・五十八歳

一九八七年アルジェリア（北アフリカ）、オラン大学建設現場の設計室に勤務していた私は、赴任して一年後に一週間の休暇をもらった。当時、現場には五十人ほどの日本人が働いていた。休暇をもらうと多くの人はヨーロッパ、特にフランスやスペインに行くのが通例になっていた。そんな中、せっかくアフリカにいるのだからと、私はエジプトに行くことにした。仕事の都合上、休暇がもらえたのが急だったので、ろくに計画を立てる暇もなく、旅行社にも頼まず、自分でチケットを手配し、行き当たりばったりの旅を始めることになった。

カイロ空港から、人と車が入り乱れた市内をタクシーで抜けると、ナイル川沿岸に建つ落ち着いたホテルがあった。通された部屋に入り室内を見渡した私は、飾ってあった一枚の絵に目を奪われた。つい先日まで、エジプトに来るなどとは夢にも思っていなかった私には、エジプトの情報や知識はほとんどなく、せいぜいピラミッドやスフィンクスぐらいだったので、何気なく部屋に飾られたその絵は衝撃的だった。四つの巨大な石像の下方が砂に埋もれた様子を描いたもので、砂漠の砂の色を基調としたものだった。これは何。ここはどこ。見たいな。実物はあるのだろうか。行けるかな。とその時、瞬時に多くのことが頭を駆け巡った。

すぐにホテルにある店のガイドブックを調べると、それはエジプトの最南端、スーダンとの国境近くにあるアブシンベル大神殿で、最初に神殿が発見された時の絵だと分かった。その時、私のこれからのエジプト観光のプランが明確に決まった。

カイロ市内はギザのピラミッドと王家の谷及びカイロ博物館を。アブシンベルへの途中にルクソール神殿とアスワンダムへ。アルジェリアからの往復チケットはフィックス（変更できない）なので、アブシンベルまで飛行機を乗り継ぎ、往復五日間でカイロに戻らなければならない。フライトスケジュールをチェックすると、かなりタイトな計画になる事が分かった。そうと決まればすぐに行動開始。ホテルで市内観光の料金を交渉しハイヤーを頼む。ハイヤーをチャーターするなど、エジプトの安い物価ならではの事。にわかにリッチになった気分だ。

カイロの喧騒な街道をしばらく行くと、左手前方にピラミッドの上部が町並みの後ろに異様な姿で忽然と現れた。絵や写真でしか見たことがなかったピラミッドが、私の前に初めて現れた瞬間だった。

ピラミッドを一望できる砂漠の中の駐車場に車を停め、一人で三大ピラミッドの中の一番小さなピラミッドに近づくと、どこから来たのか一人の男が話しかけてきた。「十E£(エジプトポンド。約百五十円)払えばピラミッドに登っていいよ」と言う。私はタカリが来たなと思い「君に払う金はない」と断った。すると彼は突然悪態をつき出し、口論となった。口論をしながら、なぜか私は一人でどんどんピラミッドに登り始めた。気づくと頂上まであとわずかな所まで来ていた。登頂禁止のサインはなかったが、なんとなくここにいてはいけないと感じていた。しかし、ここまで来てしまったからにはと、伏せて頂上まで登った。

周囲に気づかれないように二〜三枚写真を撮り、急いで降りて来たら、ラクダを連れた男が私をニヤニヤしながら見上げている。お互い無言で近づくと「ラクダに乗らないか」と声をかけてきた。値段を聞くと、三十E£(五百円程度)だと言う。車までは少し距離があるし、見られた負い目も感じていたので、了解しラクダに乗った。自分の停めておいた車に近づくと、警官が運転手と話をしているのが見えた。もしかしてピラミッド登頂が知られたかと思い、ラクダ引きに「私がピラミッドに登った事は知らない事にしてくれ」と頼むと、彼は「三十E£払ったと言わないでくれ」と言った。彼も警官を見て不安だったのだ。しかし、警官はただ運転手と世間話をしていただけだったと分かりほっとした。

市内観光を終えルクソール神殿を観光し、アスワンダムまでは無事計画どおりに来た。アスワンでの観光を終えバス停に急いでいたら、十五、六歳の少年が乗る馬車が来て、「案内をするから乗ってくれ」と言う。「観光はすんだし空港に急いでいる」と言うと、「空港まで連れて行く」と言う。空港まで馬車で行ける距離ではないと思い断ったが、「大丈夫だから、連れて行くから」としきりに誘う。バス停までの距離も定かでなかった私は、とうとう乗ることにした。

馬車は私が乗るといきなり今来た道の反対へ走り出した。「空港は逆ではないか」と訪ねると、「こっちが近道だ」とどんどん進む。そのうち、「あそこにあるのは～」「これは～」と観光ガイドを始めた。「ガイドは要らない、空港に行ってくれ」と何度も頼んだが、どうも聞き入れない。そこで「もういいから降ろしてくれ」と少し強い口調で言うと、「今から空港に行く」と言ってやっと方向を変えた。そこで私は「もし空港に行かないなら金は払わないぞ」と強調した。そうこうしているうちに、仲間の馬車がたむろしている所を通りかかり、彼は馬車仲間に私を安く譲ると言い出した。それを聞いた私はとうとう堪忍袋の緒を切らし、「金は払わないし、降ろしてくれ」と強く言うと、少年はしきりに仲間に頼んでいる様子だが、仲間も私の怒った様子を見て、素知らぬ顔をしている。少年は困り果てた様子でいる。そこへ客を乗せたタクシーが通りかかり、我々の様子を見て、若い運転手が「どこに行くのか」と聞いてきた。「空港へ」と言うと、運転手は「ＯＫ」と言い、乗せていた客を降ろしてしまった。私は渡りに船とばかりにそのタクシーに飛び乗り、馬車をあとにした。あとには客を逃がした少年が呆然と立ちすくんでいた。タクシーの兄ちゃんは「ああいうのが多いので用心して」と笑いながら言った。

お陰でぎりぎり飛行機に間に合ったと思ったら、飛行機がいない。エンジントラブルでアブシンベルから来ていない。いつ来るかも分からないとのこと。途方に暮れるが、ここまで来て諦められない。バスを調べてみたがこの時間はない。タクシーにアブシンベルまで行けるか尋ねるが、遠すぎて無理。空港の案内に聞くと、「ハイヤーなら行くだろう」と言われた。ハイヤーの事務所で値段を聞くと、航空運賃と同じ位の値段だとのこと。多少高いかとも思うがこの際仕方がない。

十分後にハイヤーが来た。飛行場自体砂漠のような所にあるので、それほど気にはならなかったが、いつの間にか辺りにはなんにも無い砂漠の真ん中を走っている。真っすぐな道が延々と地平線まで伸びている。何時間走るのだろうか。対向車もあまりない。水も持たず、砂漠の真ん中でエンストでもしたら……。ほとんど言葉が通じない運転手にちょっと不安になる。

しばらく走ると道が右に少し曲がっている。そしてまた真っすぐどんどん走る。運転手は平然と運転しているが、いつ着くか分からない私はかなり不安な気持ち。しばらく走ると今度は道がやや左に曲がっている。そんな繰り返しを数回して、三時間ほど走ってようやくアブシンベルへ着いた。

空港の横を通ると飛行機が一機見える。多分私が乗るはずだった飛行機だろう。故障は直ったのだろうか。飛行機を横目で見ながら通り過ぎる。すぐに待望のアブシンベル神殿へ到着。カイロのホテルの部屋で大神殿の絵を見た時に、これを見なくてはと思い立ち、三日目でやっとお目にかかれた。感動で言葉を失う。小神殿も観光し、感動もつかの間早々に帰路につく。空港では先ほどの飛行機が今にも飛び立ちそうに爆音を鳴らし、辺りの空気を振動させている。砂漠での不安や、疲労もあり、空港で持っていたチケットを見せると、出発するからすぐに乗れと言われた。素早くハイヤーの運転手に事情を説明し、荷物を取りだす。空港に着いて十分後に私は機上の人となった。眼下には四つの巨大な石像が静かにたたずんでいた。さらばアブシンベル。

鳥海山《ちょうかいさん》が見えますよ

木村　ひろみ　　京都府・五十歳

「鳥海山がきれいに見えますよ」

指定の席に座るとすぐに、窓際の女性が声をかけてきた。新潟行き「いなほ8号」はまもなく酒田の駅を出発する。彼女の指さす先には、青空に稜線を際立たせた山が、朝日を浴びてまばゆく見えた。

「あんまりきれいに見えるものだから。突然ごめんなさいね」

正直少し驚いたが、こういうおせっかいはうれしいものだ。素直に礼を言った。私はおとい京都から酒田にやって来て、今朝、帰路につくところだった。この短い旅の間に、何度同じせりふを聞いたろうと苦笑した。

女性は私よりも、ひとまわりほど年上だろうか。このあたりの出身で、高齢で一人暮らしをする母親の様子を見るため、埼玉からときどき帰省しているという。老いた母親をまた一人残していく辛さが、表情に滲んでいた。故郷の山が最後に美しい姿を見せてくれることは、せめてもの慰めになるのかもしれない。どうやら私のことを、似たような事情の同郷人だと思ったらしい。声をかけてきた彼女の心中が察せられた。

山形県酒田市は写真家、土門拳の出身地である。美術作品を観るのが好きな私は、よく展覧会に出かける。なかでも初めて彼の写真展を訪れたときの衝撃は特別だった。被写体に向けられたカメラの向こうの鋭い眼差しに、射すくめられたように立ちすくんでしまったことを今でも覚えている。酒田にあるという彼の記念館を、いつか訪れたいと思っていた。

子供が小さい頃は、よく家族で旅行に出かけた。それがいつしか夫婦二人旅となり、今度は自分のためだけの旅がしてみたくなった。その最初の目的地に、私は迷わず酒田を選んだ。京都からは思いのほか遠く、便が悪いことがわかったが、行き先を変更する気にはならなかった。

朝、京都を発って、東海道新幹線、東北新幹線、羽越《うえつ》本線を乗り継ぎ、着いた頃には夕方近くになっていた。十一月の末、東北の日の入りは早く、雨まで降り出し、あたりは薄暗かった。疲れはしたが、念願の町に辿り着いた喜びと、ひとり旅の解放感に心が弾んだ。

翌朝、さらに強く降る雨のなか、記念館に着いたのは開館前だった。館内にはその時期、風景写真が展示されていた。土門拳が撮影旅行の途上、偶然見かけては撮ったものだという。彼には珍しく穏やかなものだった。

「雨降れば雨降るままに、晴れてあればやっぱり晴れてあるままに、風景はそこにあるより仕様がないのである」

彼のメッセージにはそう記されていた。鋭い、けれど優しさに満ちた彼の眼差しに、心の内を見透かされたような気がした。老いていく親たちのこと、自立の目処の立たない息子たちのこと、そして確かなものを培えないまま人生半ばを過ぎてしまった自分自身のこと……、私は迷いのなかにいた。駆り立てられるようにこの町にやって来たのは、この言葉に出会うためだったのかもしれないと思った。

メッセージを暗誦しながら何度も作品を巡り、気づけば昼前になっていた。近くの酒田市美術館にも寄ってみようと受付で聞くと、バスが来るには間があり、歩いても十五分ほどとのことだった。

「雨も上がったようですから、チョウカイサンが見えるかもしれませんよ」

「チョウカイサン？」

雲が晴れていたら、右手に見えるという。どうやら山らしい。寒空のもとを歩く大変さより、チョウカイサンが見える幸運のほうが大きいと説くように、彼女の声は明るかった。

教えられたとおり坂を上っていくと、右手遠くに雪をかぶった山が見えた。少し雲がかかっているが、なだらかな稜線は優美で、すぐにそれとわかった。山を遠くに見ながら、雨上がりの湿った冷たい空気を吸い込むと、胸のすく思いがした。ガイドブックを開くと「鳥海山」とあった。

翌日は朝から快晴だった。出発前のわずかな時間、最後に酒田駅近くの本間美術館に立ち寄った。入場券を買い求めると、窓口の女性が私の肩越しに指をさした。

「今日は鳥海山がきれいに見えますよ」

振り返ると間近に山があった。確かにきのう遠くに見た山と同じ稜線を描いている。今日は雲ひとつかかっていない。旅の間、訪ねた先々で鳥海山の名を耳にした。どうやら酒田の人たちはこの山をこよなく愛しているらしい。

「鳥海山は出羽富士ともいいましてね。山頂には神社もあるんですよ」

「いなほ8号」に揺られながら、隣席の女性が教えてくれた。なるほど富士の名にふさわしい神々しい姿をしている。それにしても酒田の人は、よく鳥海山を話題にするものだと不思議に思った。京都は四方を山に囲まれ、どこからでも望むことができる。お盆の送り火で有名な大文字山を始め、地元の人に愛されている山は多い。けれど、とりたてて話題にする人などいない。

「こんなにきれいに見えることは珍しいんですよ」

彼女の言葉に、おととい酒田に着いた日のことを思い出した。雲が低く垂れこめ、降り出した雨は吹く風に流され、足元を濡らした。傘を斜めに差し、飛びこんだ鰻屋の女将は、一見《いちげん》の客を手厚くもてなしてくれた。ひとり旅と知ると、雪の頃にまたいらっしゃいと言う。風が吹くとたちまち吹雪となり、それがまたいいのだと、ショールを頭から巻いて前かがみで歩く格好を、笑いながら真似て見せた。北国の女性の底抜けの明るさに、私もつられて笑った。

ひとたび雪が降れば、目先の視界もおぼつかない。そんな厳しい気候のなか、たまの晴れ間に見える鳥海山は、どんなにか人の心を清々《すがすが》しくしたことだろう。まさに有り難いことだ。雲の晴れ間に見えるといっては教え合い、全景が見えるといっては称《たた》え合い、そうやって酒田の人たちは暮らしてきたのではないだろうか。それは旅人の私に対しても分け隔てないものだった。彼らの懐の大きさが、鳥海山の威容と重なる。

「雨降れば雨降るままに、晴れてあればやっぱり晴れてあるままに、風景はそこにあるより仕様がないのである」

土門拳のメッセージのとおりだった。彼も眺めたであろう、その山を、今、私が眺めている不思議を思う。

「幸運でしたね」

隣席の女性の表情が明るくなった。鳥海山が見事な全景でもって、私たちのこれからの暮らしを後押ししてくれているように思えた。そして私も彼女と同じように、故郷をあとにする娘の気分を味わっていた。

チョウカイサン……、おとといまで知りもしなかった山の名が、懐かしい響きを持った。

大らかさと、熱い血と　——アンデスを旅して——

堀沢　広幸　　香川県・六十歳

「ラテンアメリカを知るには、どんな小説や歴史書を読むより、フォルクローレを聴いて感じるのが一番だ」

とは、あるラテンアメリカ研究家の言葉です。

彼らの音楽には、それだけ民族や歴史がつまっているということなのでしょう。

フォルクローレの音楽をやって二十年あまりの私ですが、人前で演奏の合間にするお喋りのたび、躊躇することがありました。

それは南米に行ったことのない私が、アンデスをもっともらしく語れるのだろうかと？

私も躊躇なく「その国を理解するにはまずはそこの国の音楽を」と言えれば……。

果たして念願のアンデス行き、正確に言えばペルー、ボリビアの旅ができたのです。

これも地球異変なのか、一～二月の大雨の被害で、予定のマチュピチュ訪問は中止。でも名所旧跡の訪問が目的ではありません。

私自身、五感でアンデスの自然、空、大地を感じたい、スペインに侵略され、悲惨な歴史を背負った人々の心を理解したいのです。

ですから旅行会社のパッケージツアーでなく、連れ合いとの二人旅でした。とはいえ、ガイドブック程度の準備では少々無謀だったようです。

ボリビアの首都、高地のラパスに降りたとたん、頭がボーッとする浮遊感。「でも、まあ寝れば直るだろう」と高をくっていると、翌日、朝の目覚めとともに頭痛に吐き気……もちろん食欲なし。

どうやらこれが高山病でした。でもホテルで寝てばかりいるわけにはいきません。頭痛に悩みつつ、さっそくラパスの街へ。

ところが、行き交う車と人の波、排気ガス、クラクション……信号もあってないようなもの。制服の警察官が「ピーピー」やりながら、交通整理。私はさながら田舎から出てきたネズミでした。

それでも奥に入ってみれば、そこは軒を連ねて並ぶ露天商。食料品や台所用品、衣服や帽子、アルパカで編んだ織物、民芸品……、そしてスイカ、オレンジ、マンゴージュース、さらにトウモロコシ、サルティージャ（南米の餃子のようなもの）など、食べ歩きの屋台がひしめき、まるでお祭りのような賑わいでした。

食欲は不振でも、のどは渇きます。私達も、搾り立てのマンゴージュースを。「うまい！」胃袋にキュッとしみました。日本円に直せば一杯五十円。安くて申し訳ない値段です。そう、物価は安いのです。ちなみに私の買ったチャランゴ（小型ギター）などは、日本で買う値の半分以下でしたから。

でもそれは暮らしが貧しいことを物語っているものでもあります。

道を歩くと、かけ寄ってくる物売り。インディヘナ（先住民）の人達でした。物乞いしている光景もよく見かけます。

観光地では、民族衣装の子どもが、アルパカを引いて「フォト、フォト」と、手を出してくるのです。写真を撮らせてお金をもらおうというのでしょう。

一方、街の中心には先進国なみに高層ビルが林立しています。ゴルフ場もあるし、携帯電話をかけている人もいます。

太る人は太る、やせている人はやせたまま、貧富の格差を見せつけられた思いでした。

でも貧しくても、明るさ陽気さを失わないのが彼らインディヘナなのです。

日本人と見るや「ハポン、オハヨウ……」など片言の日本語で愛嬌をふりまきながら、手編みの手袋や帽子を売りつけてきます。

通りを走る車は、四六時中「パカパカ」と遠慮なくクラクションを鳴らして自分を主張します。選挙カーなどはまるでお祭りかと思われるほど、山盛りに人を乗せて大騒ぎです。どうやら彼らの辞書には「騒がしい」という言葉はないようです。大通りの塀もポスターや落書きでうまっていました。

彼らは騒音だとか、塀が汚れているという感覚はうすいのかもしれません。

むしろカリカリしてる私達が彼らに「ハポンのミナサン。もっと大らかになりませんか」と言われている気がします。

ホテルでも、シャワーの湯が熱くならない、電灯の球が切れている、トイレの水が流れない……、いろいろな不便に遭遇しました。

ボリビアでもペルーでも、この大ざっぱさはたまたまのことではないようでした。

ですが、これもまた、まあ人間のやることだから、目くじらをたてなさんなと言われればそれもそうなのです。

やはりラテンの気質というのでしょうか、とにかく思ったことはすぐに態度に出す。我慢して恨み辛みにしない。それが、この人達のストレスにならない明るさ、活気、熱情の源なのかもしれません。


それが気質とすれば、それはアンデスの自然のダイナミズムの中で暮らす術として身についたのでしょう。

美しい自然は実に息をのむばかり。中でも日本の富士山頂よりも高い高地にあるチチカカ湖からの眺めは圧巻です。

遠くに刃物のように切り立ったアンデス山脈。頭上には天にも抜ける空の青さ。手を伸ばせば届きそうな低く這った白雲。

白雲の麓。対岸に広がる緑の牧草地。アルパカや羊達の群。その群を追いかける犬と羊飼いの少年……。

フォルクローレの詩にあるとおりでした。

美しくもダイナミックな自然が、彼らの大らかさを育んだに違いありません。

それは彼らの音楽、フォルクローレにも反映しているのです。

彼らの詩には、父なる太陽、母なる大地、それに旅や暮らしの言葉が、たくさんちりばめられています。音楽が暮らしと結びついているのです。

ラパスの街で知人が、運良く人気グループのチケットを手に入れてくれました。私達もよくコピーしていたバンドです。

会場は学校の体育館。時間にもルーズ、否！

大らかで、のんびり始まりました。お客さんも心得ているのかのんびりやってきます。

それでも夜が更ける頃には、体育館は老若男女で満杯になっていました。

赤や青の照明の点滅の中、日本でいえばクラブか、昔のディスコふうでしたが、後半は熟年さん達ともども総立ちでのっていました。

その日は、悲しいことも辛いことも、全部燃焼させた夜になったことでしょう。

二週間あまり。ふり返ればアンデスの旅も一陣の突風のようにも思い出されます。

帰りの機内でした。私のチャランゴを見て、日本に在住して五年というペルー人のミュージシャンに声をかけられました。

「アンデスの人って、老いも若きも歌って踊るの好きですね」と私が旅の感想を言うと、「彼らは先のこと、何も考えない、老後のことも……」とやや卑下して答えるのです。

ならばと私も、遠慮がちに言いました。

「でも私達日本人みたいに先のことを考えすぎて、暗い気持ちに陥るのも……」

「そうね、その中間くらいがいいのかな?」

彼は片言の日本語で、笑いながらそう答えたのでした。日本人の心配しすぎも、なんとなくわかっているようです。

もちろん先のことを考えるのは必要。でも私達は喜怒哀楽、感情に素直になって、もっと今という時間を、楽しんでもいいのでは?

これが私の旅の感想です。

アンデスの大らかさをもらって、以前より人に優しくなれそうな気がしています。

自分達の音楽も少し変わる予感が……。

約束

山内　由紀子　長野県・三十六歳

真夜中に車を走らせる。

『早く次の仕事場所へ移動しないと。眠る時間がなくなる』

バスツアーの添乗員という仕事柄、県をまたぐという行動は、ただの移動でしかない。

人の姿が見当たらない田舎町の駅前に立ち、バスとお客様を待つ。

「おはようございます……」

背後から、少し不安げな声をかけられる。

「今日ここからでる、ツアーの関係の方ですか?」

「はいそうです。バスが来るまで、もうしばらくお待ちください」

バスが到着し、いつものようにお客様を車内へご案内する。

マイクを持ち、朝の挨拶、注意事項と行程の説明、旅費の集金、ひととおりの仕事を終え、座席に座る。

『今日も順調に仕事が終わればいいなあ。明日の仕事場所へは何時頃に移動できるかなあ』

まだ出発したばかりだというのに、真夜中の移動が頭をよぎる。

新潟県から山梨県への日帰り旅行。お客様からしてみればかなりの距離となるが、私には当たり前の一日でしかない。


淡々と仕事をこなし、日も暮れてきた。

「今日は早めに帰れるなあ」

帰着十分前、座席から立ち上がり最後の挨拶をすませた。


「お疲れさまでした」

お世話になったバスのドライバーに挨拶をして帰ろうとすると、二人の女性が立っていた。

「今日はありがとうございました」

そう言うと二人はにこりと笑った。笑顔があまりにも似ていたので、親子だということはわかった。

「こちらこそありがとうございました」

珍しいなあと思いながら、私も頭を下げた。


「今日は本当に来てよかった。二人で話してたんですよ」

母親が話し出した。

「実はこの旅行は、娘から父親へのプレゼントだったんです。お嫁に行く前は父親とギクシャクしていて。それが、結婚したとたん旅行へ行こうなんて言い出して」

娘さんが照れ臭そうに笑った。

「それが一カ月ほど前、父親が突然倒れて亡くなっちゃったんですよ」

あまりにも重い話に言葉が出てこない。

「四十九日も明けないのに旅行だなんて……。でも、娘が初めて父親を誘った旅行に行きたいなあって、私が無理やり連れて来たんです。ほら、写真も持ってきたんですよ」

父親の写真を見せながら、今度は照れ臭そうに母親が笑った。

「本当に来てよかった。ありがとうございました」

二人は深々と頭を下げた。なんとも言えないショックに、私は反応することができなかった。

親子の後ろ姿を見送りながら、今日一日を恥じた。そして申し訳なく思った。

私の仕事は、知らない誰かの節目であったり、出会いであったり、きっかけであったり、親子の約束であったりするんだと教えられた。

この日以来、私の移動は旅へと変わった。

人名、地名の表記、日付については、各執筆者の理解に従いました。
また、執筆者の一部は仮名になっています。

たび・旅・Journey!

2010年11月15日　初版第１刷発行

編　者　「たび・旅・Journey!」発刊委員会
発行者　瓜谷 綱延
発行所　株式会社文芸社
〒160-0022　東京都新宿区新宿1－10－1
電話　03-5369-3060（編集）
03-5369-2299（販売）

印刷所　日経印刷株式会社

ISBN978-4-286-09899-9